建設業における 知って得する 「示談」の進め方

建設安全衛生研究会 編

改訂2版
2020年
改正民法に
対応

労働新聞社

はじめに

初心者にも分かる示談のコツ

　建設業もご多分に漏れず、ベテランが職場を去っていっており、その穴埋めができていません。安全管理の分野でも同様です。

　労働災害を何回となく経験し、示談の場を相当数経験した人が職場を去った後を引き継いだ担当者は、大変です。

　以前のように、早めに後継者が配属されて業務のノウハウの引継ぎがされていれば、なんら問題はありません。しかし、最近は、ノウハウの引継ぎがないまま、次の担当者が仕事についていることが多く見られます。

　ノウハウの引継ぎもなく配属されて、労働災害が発生したら大変です。労働基準監督署、警察署、発注者などへの事故対応が一段落したと思ったら、今度は損害賠償の処理、そうです示談が待ち受けています。

　「示談を」といわれても、何を、どうしていいのか分からないものです。まして尋ねる人もいないとなれば。

　このような事情から、「実務者向きの、実践的な示談の手引きはないのか」という要望が多くなってきました。もっともなことだと思います。

　そこで、ベテランのあとを引き継いで、「示談はどうすればいいのか」と思っている建設業の安全担当の皆様と示談の経験が少ない皆様に、「知って得する、知らねば損をする示談のコツ」を分かりやすくお伝えしたいと思います。

知って得する示談の知識

　示談とは、一言でいうならば、「民事上の紛争を裁判によらず、当事者の合意で解決すること」です。民法上の和解契約の一種です。法律上の権利義務などについて争いのある当事者が、「相互に譲歩して」争いをやめることを約することが「示談」ということです。

　建設業の場合、労働災害が発生し、損害賠償をしなければならないときは、裁判によることはまれで、ほとんどの場合が、示談によって解決しています。

　示談を担当するときに、次のようなことを知っていると知らないとでは、交渉

結果が、大きく違ってきます。
- ・「一人親方への損害賠償はしなければならないのか」
- ・「被害者の意識が戻らないときの示談の相手は」
- ・「損害賠償の計算を一発でできる方法とは」
- ・「あとで問題の出ない示談書の作り方は」

Q＆A方式で解説

　本書では、知って得する示談のコツも含めて、初めて示談に当たる人、あるいは示談の経験が少ない人が、「困っていること、どうしようかと迷っていること」を即座に解決できるように、テーマ別にQ＆A方式でやさしく解説しています。

　以上の内容で本書は平成19年に初版を刊行しましたが、令和2年4月の民法改正にともない改訂を行いました。建設業での示談にかかわる皆様のお役に立てれば幸いです。

令和2年5月　建設安全衛生研究会

2 示談の進め方

3 損害賠償額の算定方法

Ⅱ 実務編（シミュレーション）…………………………………………… 139

ケーススタディ

Ⅲ 解説編 ……………………………………………………………………… 153

1 用語の解説

2 参考資料

実践編（Q＆A）

労働災害と損害賠償

 労働災害が発生した場合、損害賠償にはどのようなものがありますか。

労働災害の損害賠償責任は、不法行為責任・債務不履行責任の２つの責任があります。

　労働災害の損害賠償責任は、大きく分けると**不法行為責任と債務不履行責任の２つがあります。**労働災害が発生した場合、これらの責任に該当すれば、損害賠償をしなければなりません。

不法行為責任

　不法行為責任は、次の３つに分けられます。
　　（１）一般の不法行為責任（民法709条）
　　（２）使用者責任（民法715条：特殊の不法行為責任）
　　（３）土地の工作物責任（民法717条：特殊の不法行為責任）
　　　（そのほかに特別法として、自動車損害賠償法に基づく責任があります）

（１）一般の不法行為責任

　　一般の不法行為責任は、民法709条に定められており、「行為者の故意又は過失によって他人の権利を侵害して損害を生じさせることによって生じる責任」です。
　　一般の不法行為が成立する要件は、次のとおりです。
　　（１）加害者に故意または過失があること
　　（２）加害者に責任能力があること
　　（３）他人の権利または法律上保護される利益が侵害されたこと
　　（４）他人の権利に損害が発生していること
　　（５）加害行為と損害との間に因果関係があること
　・上下作業になっている場合に、上部で作業をしている作業員が、工具を落とし

たため、下部で作業していた作業員に当たった

・レーン運転手の操縦ミスで、クレーンが倒れてきたため、その下敷きとなったというたぐいの労働災害がこれに該当します。これらの事例では、工具を落とした作業員とクレーン運転手は、加害行為を行ったことにより、不法行為責任を負うことになります。

　不法行為による損害賠償の請求権の消滅時効は、５年です。この消滅時効は、被災者が、その損害と加害者を知ったときから進行します。不法行為の時から20年間行使しないときも同様です（いずれか早い方を適用）。令和２年施行の改正民法により、人の生命・身体の被害については、不法行為による場合と債務不履行の場合の消滅時効が一致する形に改められています（14ページ表参照）。

（２）使用者責任（特殊の不法行為責任）

　不法行為が、労働者が会社の業務を行っているときに発生した場合は、その不法行為を行った労働者を使用する使用者にも損害賠償責任が発生します（民法715条）。

　この使用者の損害賠償責任は、「使用者責任」といわれています。

　建設現場で不法行為により労働災害が発生した場合、その加害者は同僚または関係業者の作業員であることが多いこと、また一般的に個人の加害者の賠償能力が乏しいことなどを考え合わせ、加害者でなくその使用者に対し損害賠償請求をすることが多く見られます。

　使用者責任は、「被用者の選任およびその事業の監督につき相当の注意をしたとき」または「相当の注意をしても損害が生ずべきであったとき」には、免責されます。

　しかし、実際のケースでは、使用者が、これらの免責となる事由を証明するのは困難です。

　なお、不法行為の立証責任（ある事実が存在することを証拠に基づいて証明すべき責任）は、被災者側が負うことになります。

（３）土地の工作物責任（特殊の不法行為責任）

　土地の工作物責任は、民法717条に規定されており、「建物その他土地の工作物の設置・保存の不備により、他人に損害を与えた場合、その占有者又は所有者がその損害を賠償しなければならない」という責任のことです。

　もう少し具体的にいいますと、この責任は、次の要件で発生することになりま

す。
（１）土地の工作物から損害が発生すること
（２）土地の工作物の設置または保存の瑕疵によって、他人に損害が生じること
（３）占有者については、損害発生について、必要な注意をなさなかったこと

　土地の工作物とは、土地に人工的作業を加えて設けたものであって、建物、ずい道、道路、橋梁などはもとより、足場なども含まれています。
　土地の工作物の瑕疵（本来備えているべき機能等を備えていないこと）については、被災者側で立証しなければなりません。しかし、一般的に労働災害において、工作物の瑕疵の成立は比較的容易に認められる傾向があり、工作物を通常の利用方法で使用中、工作物に起因して労働災害が発生した場合、不可抗力的な出来事でない限り、本来、備えているべき機能等を有していなかったとの推認が働き、瑕疵が推定されやすいといえます。

占有者と所有者とで責任は違う

　工作物の瑕疵責任は、所有者と占有者で違いがあります。所有者の責任は、無過失責任に近いのに対し、占有者については、損害の発生を防止するのに必要な注意をしたときは、その責任が免除されることになっています。
　工作物の瑕疵責任は、まずは、工作物を現実に使用し占有している占有者とされており、占有者に責任が無いとされた場合に、工作物の所有者が責任をとることになります。

占有者の責任とは

　占有者については、次の要件で工作物の瑕疵責任が発生するとされています。
（１）土地の工作物の設置または保存に瑕疵があること
（２）その瑕疵によって他人が損害を被ったこと
（３）工作物の占有者が、損害の発生防止について必要な注意をしなかったこと

　元請が設置した足場上で作業していた塗装工が足場からつい落して、重傷を負いました。原因を調べてみますと、塗装作業の邪魔になるからということで、職

長の指示で一部の手すりを外して作業をしていたため、つい落したものであることが分かりました。

このケースでは、元請の所有者責任は問われず、塗装会社が足場の占有者としての責任を問われることになるでしょう。

債務不履行責任

債務不履行とは、民法 415 条に定められており、「債務者が債務の本旨にしたがった債務履行をしないときまたは債務の履行が不能であるとき」のことをいいます。

労働災害の損害賠償において、債務不履行責任とは、『使用者は、労働契約において、労働者の労務の提供に対し、労働者の生命および健康等を危険から保護するよう配慮すべき義務、「安全配慮義務」を負っており、その義務を怠った場合は、債務不履行となり、損害賠償をしなければならない』というものです。

安全配慮義務とは、「使用者は、使用者の設置にかかる場所、施設や器具などの設置管理、または使用者の指示のもとに遂行する業務の管理に当たって、労働者の生命、健康等を危険から保護するよう配慮しなければならない」というものです。労働契約法 5 条では、「使用者は、労働契約に伴い、労働者がその生命、身体等の安全を確保しつつ労働することができるよう、必要な配慮をするものとする」と定め、使用者の労働契約上の安全配慮義務を明文化しています。

使用者は、労働者の安全について、作業環境、設備・機械、作業行動、管理などの面で、労働者を危険から保護するよう配慮する義務があります。

具体的には、法令等に違反した場合はもちろんのこと、災害の発生について予見でき、防止が可能であったのに、適切な処置を講ぜずに災害が発生した場合、安全配慮義務違反といえます。

安全配慮義務については、その立証する義務は、使用者が負うことになります。使用者が「安全配慮義務を尽くしており、災害発生に関し責任の無いことを立証しなければならない」のです。

債務不履行による消滅時効は、請求者が権利を行使することができることを知ったときから 5 年（主観的起算）、また、（客観的に）権利を行使できるときから 10 年（客観的起算）で消滅するとされています（民法 166 条）。ただし債務不履行が人の生命または身体の侵害によるものであるときは、20 年（客観的起算）で消滅するとされています（民法 167 条）。

賠償責任の種類	立証責任者	消滅時効（主観的起算）	消滅時効（客観的起算）
不法行為による損害賠償	被災者側	原則：３年 人の生命・身体の被害の場合：５年	２０年
債務不履行による損害賠償	使用者側	５年	原則：１０年 人の生命・身体の被害の場合：２０年

（注）使用者責任については「免責要件」が規定（民法715条１項但書）されており、使用者が「被用者の選任及びその事業の監督について相当の注意をしたとき」または「相当の注意をしても損害が生ずべきであったとき」には、その責任を免れることとされている。

人の生命または身体の損害賠償請求権の消滅事項

　　人の生命または身体の損害賠償請求権は、次の場合に消滅します。

　１　債権者が権利を行使することを知った時から５年間

　２　権利を行使することができるときから、２０年間行使をしないとき

Q 02 労災保険からの給付の他にそれ以上の補償は必要ですか。

 A **民事損害賠償が請求された場合には、一般的には労災保険の給付以外にも補償しなければなりません。**

労災補償制度の基本的な性格

　労働災害が発生した場合には、使用者は被災者や遺族に対して災害補償をしなければならない旨が労働基準法第8章（75条〜88条）において定められています。療養費（病院にかかった費用）、休業補償費（会社を休業した場合の補償）、障害補償費（ケガが治って障害等級1級〜14級に該当した場合の補償）、遺族補償費（被災者が死亡した場合の遺族補償）などの災害補償責任を使用者に負担させる規定です。例えば、「労働者が業務上死亡した場合においては、使用者は、遺族に対して、平均賃金の1000日分の遺族補償を行わなければならない」（同法79条）といった条文が該当します。

　しかし、現実に労働災害が発生した場合には、その負担能力がある使用者ばかりとは限りません。いくら法律に規定があるからといって、災害補償の負担能力のない使用者のもとでは、災害補償をしてもらえるかどうか分かりません。そこで、労働者保護のため、労働災害の補償の義務を完全に履行するための責任保険として労災保険法が制定されています。

　労災保険は、使用者に責任があろうがなかろうが、労働災害が発生した場合には、労災保険からの給付があることを規定し、その性格上使用者は強制的に加入しなければならないこととされています。

　このように労災保険制度は、使用者の無過失責任に基づく補償制度であり、被災者や遺族に対する、迅速、公正な保護のために保険給付（労災保険法1条）するものなので、民事的に完全な損害賠償制度としては定められてはいないという性格を持っています。

　簡単に言ってしまうと、労災補償制度とは、労働災害が発生したとき、会社に責任があろうがなかろうが、被災者に補償しなさいという規定が労働基準法にあり、しかし、その時会社に十分な金銭的な準備ができていない場合もあるので、

労働者保護のために労災保険法が制定され、労災保険から被災者に迅速に公正に補償していこうというものです。

民事賠償との関係

　労働災害における民事損害賠償とは、労働災害によって被災した被災者や遺族等が、民法に基づいて使用者等に対して慰謝料を含む完全な損害賠償を求めることです。

　通常の民事損害賠償は、財産的損害として治療費や葬祭料、休業損害や将来の賃金の逸失利益等と、精神的損害としての慰謝料等で構成されています。

損害賠償の範囲

財産的損害 ┬ 積極的損害 － 治療費、入院費用等現実に支出を余儀なくされた損害
　　　　　　└ 消極的損害 － 逸失利益、休業損害等喪失した所得としての損害

精神的損害 ──────── 慰謝料

　一方、労災保険給付では、療養補償給付と葬祭料、逸失利益の部分では休業補償給付、障害補償給付、遺族補償給付、傷病補償給付等の給付、社会復帰促進等事業の各種特別支給金が支給されますが、例えば休業補償給付では、平均賃金の80％（社会復帰促進等事業の給付金を含む）しか支給されず、障害補償給付、遺族補償給付の支給額についても損害額全てをカバーしていません。また、慰謝料の部分は全く補填の対象にしていません。

　このため労働基準法は、民事損害賠償との差を前提として、「この法律に規定する災害補償の事由について、労働者災害補償保険法又は厚生労働省令で指定する法令に基づいてこの法律の災害補償に相当する給付が行なわれるべきものである場合においては、使用者は、補償の責を免れる。使用者は、この法律による補償を行つた場合においては、同一の事由については、その価額の限度において民法による損害賠償の責を免れる」（労基法84条）と規定し、①その災害補償以外に民事損害賠償があること、②その災害補償の部分は民事損害賠償が免責されること、③労働基準法の補償と民事損害賠償との差額は使用者に賠償義務があることを定めています。

　したがって、**被災者が死亡した場合や重度の障害が残った場合などで、被災者や遺族が損害賠償を請求した場合には、労災保険の給付以外にも会社は、被災者や遺族に対して、損害を賠償することになります。**

損害額の内訳

損害額全体	治療費、入院費等 逸失利益等
	慰謝料

損害額の負担

労災保険からの給付	労災給付 社会復帰促進等事業
	民事賠償額 ＜企業負担分＞

※損害額の内訳は、損害額の構成を
　損害額の負担は、負担先を表しています。

一人親方が災害にあった場合に損害賠償は必要ですか。

 誰が責任を負うかによって、損害賠償が必要となる場合があります。

現場では一人親方や事業主も働いている

　工事現場で働いているのは、作業員だけではありません。一人親方や中小規模の会社の事業主もけっこう見かけます。

　では、一人親方が工事現場で災害にあったときは、誰がどんな損害賠償をするのでしょうか。

　型枠大工のAさんが、足場の上で作業していました。Aさんが型枠材料を持って、手すりに寄りかかったところ、手すりが外れて、Aさんは、約3.4メートルつい落して、左かかと骨折の重傷を負いました。

　災害発生の連絡を受けた元請B社の現場責任者は、Aさんを指定の病院へ搬送する手続をとるとともに、労働基準監督署にも、災害発生の一報を入れました。

労働者か一人親方（事業主）か

　ところが、一次協力会社C社の職長が、「Aさんは、以前は型枠大工として、雇用していたが、最近になって、雇用関係は解消して、一人親方として仕事をしてもらっています」ということを言い出しました。

　Aさんの新規入場時アンケートとC社の作業員名簿では、一人親方ではなく、C社の型枠大工とされていました。しかし、元請B社では、AさんとC社の請負契約書などを確認したうえで、Aさんを一人親方と認め、労働基準監督署にもその結果を報告しました。

　この災害の原因は、手すりの取付けが十分でなかったために発生したものと分かりました。

　C社は、元請B社から足場を使用しての型枠組立作業を指示されていました。C社では、作業の都合で今回の災害が発生する前に、Aさん以外の作業員に一旦この手すりを外させたことも、判明しました。

誰がどんな責任を負うのか

　この災害では、誰がどのような責任を負うのでしょうか。

　まずC社です。C社はAさんに型枠組立て工事を発注している会社です。C社はこの災害に対してどのような責任があるのでしょうか。

　この災害の原因のもっとも大きなものは、手すりが外れたということです。では手すりが外れたことについて、C社にはどのような責任が考えられるでしょうか。

　民法では、717条で、土地の工作物責任を定めています。「建物その他土地の工作物の設置、保存の不備により他人に損害を与えた場合、その占有者または所有者がその損害を賠償しなければならないとする責任」です。足場は土地の工作物ですから、不備があった場合には、この法律によって損害賠償をしなければなりません。

　C社は、この足場の所有者であるB社から足場を借り受け、使用していたわけですから足場の占有者ということになります。

> 　占有者は、占有中の建物、足場などの設置または保存に瑕疵があり、その瑕疵により他人が損害を被った場合、占有者が、損害の発生について必要な注意をしていなければ、占有者としての責任を負うことになり、損害賠償をしなければなりません。

　この事例では、C社は、作業の都合で、作業の途中で一旦手すりを外しています。手すりを取付け直したときに、占有者としての注意義務を果たしていたかが問題です。

C社の責任は

　この災害の場合は、C社は、取付け後に、手すりが「元どおり取り付けられているか」、点検確認を行っていませんでした。

　したがって、この災害では、C社は占有者としての「足場の瑕疵責任」を負うことになり、Aさんに対して、損害賠償をしなければなりません。

元請の責任は

　元請Ｂ社は、今回の災害では工作物の瑕疵責任はありませんが、手すりが外れた原因が元請にある場合には、足場の所有者としての責任が元請に課されます。

一人親方の立場を考えて対応

　一人親方の場合は、「一人親方（事業主）であるか、作業員（労働者）であるか」の判断が困難なケースがあります。契約内容が明確ではなかったり、契約では請負になっているが、実態は出来高払いの作業員であるといったことが見受けられるからです。このような場合は、労働基準監督署の判断を待つことになります。

　たとえ、労働基準監督署の判断待ちの場合でも、被災者やその家族には誠意をもってあたるとともに、その経過をこまめに知らせることが大切です。

　一人親方は労働者でないため、災害が発生した場合は、今回の事例のように工作物の瑕疵責任を問うか不法行為責任（上部から資機材が落下してきたなど）を問うことになります。

　一人親方の災害が発生したときは、まず、法的責任があるのかどうかを判断しなければなりません。しかし、一人親方は、どちらかといえば、弱い立場にある方が多いようですので、契約を交わしている協力会社とのこれまでの就労の経緯、災害の内容などを十分考えた上で、対応することが大切です。

一人親方は、元請労災の対象外

　一人親方は、労働者でないため、労災保険の給付対象になりません。

　もっとも、一人親方として請負契約をしていても、実質上は、作業員として職長の指揮命令下にある場合は、労働者とみなされることが多いです。労働者とみなされた場合は労災保険の給付対象になります。

　現在の労災保険制度では、一人親方も労災保険に加入できる道が開かれています。これは「労災特別加入」と呼ばれており、簡単に加入できます。

労災保険の特別加入

　一人親方および中小企業事業主が災害を発生させた場合に、その救済が図れる

ようにするため、労災保険の特別加入制度があります。

（１）特別加入者の範囲
　①　一人親方等（第二種特別加入者）
　　建設事業を行う大工、左官、とび、電気管理技術者などの一人親方その他の自営業者とその家族従事者をいいます。
　　また、常態として労働者を使わないものに限られます。
　②　中小事業主等（第一種特別加入者）
　　常時300人以下の労働者を使用する中小事業主およびその事業に従事するもの（代表者以外の役員。労働者とみなされるものを除く）をいいます。
　③　特定作業従事者（第二種特別加入者）
　　農業の従事者などの災害発生率の高い作業に従事している者をいいます。
　④　海外派遣者（第三種特別加入者）
　　一時的な海外出張を除く海外に派遣される労働者で、一定の条件を満たした者をいいます。

（２）特別加入の仕方
　　特別加入は、団体加入の方式によります。
　　一人親方は、一人親方等の団体として承認されている団体（協同組合など）へ申し込めば加入できます。中小事業主は、労働保険事務組合を通じて申し込めば加入できます。
　①　補償の対象となる範囲
　　保険給付は、一人親方が請負契約している工事を行う場合、建設工事現場で行うものはもちろん、自家内の作業場において行う場合（請負契約に基づくもの）も給付対象になります。
　　また、請負工事にかかる機械および製品を運搬する作業ならびにこれに付帯する作業も給付対象とされます。
　　通勤災害については、一般の作業員と同様の保険給付があります。
　②　給付基礎日額
　　労災保険の給付額を算定する基礎となる「給付基礎日額」は、特別加入をする一人親方が、自分の所得水準を考えて決めることになります。

③　保険料

　　一人親方の保険料は、給付基礎日額の365日（1年分）である「保険料算定基礎額」に応じて定められたものを支払うことになります。

　　なお、年度途中に新たに特別加入者となった場合や脱退した場合には、当該年度内の特別加入月数（1カ月未満の端数があるときは、これを1カ月とします）に応じた保険料算定基礎額により保険料を算定します。

給付基礎日額・年間保険料

(単位：円)

給付基礎日額 （A）	保険料算定基礎年額 （B）＝（A）×365日	年間保険料 （保険料算定基礎額（注））×保険料率 （例）建設の事業の場合： 保険料率 18/1000
25,000	9,125,000	164,250
24,000	8,760,000	157,680
22,000	8,030,000	144,540
20,000	7,300,000	131,400
18,000	6,570,000	118,260
16,000	5,840,000	105,120
14,000	5,110,000	91,980
12,000	4,380,000	78,840
10,000	3,650,000	65,700
9,000	3,285,000	59,130
8,000	2,920,000	52,560
7,000	2,555,000	45,990
6,000	2,190,000	39,420
5,000	1,825,000	32,850
4,000	1,460,000	26,280
3,500	1,277,500	22,986

（注）特別加入者全員の保険料算定基礎額を合計した額に千円未満の端数が生じるときは端数切捨てとなります。

04 取締役が工事現場でケガをしました。労災保険からの支給はありますか。また、損害賠償はどうなりますか。

 労働者性が無く、経営者とみなされた場合は、労災保険からの給付はありません。損害賠償は、不法行為責任（民法709条）、土地工作物責任（民法717条）等の民法の規定に基づいてなされることになります。

　専門工事会社では、取締役や専務取締役といった肩書きを持った人たちが工事現場へ打合せに行ったり、時には職長として働いていることさえあります。

　工事現場では、職長かと思っていたところ、労働災害が発生したので、その役職を再確認したところ、取締役であったり、専務取締役であったりすることがあります。

労災保険の支給・不支給の別れ道

　工事現場で事故・災害にあっても、取締役あるいは執行役員、専務取締役などの肩書きを持っていれば、労働者でないとみなされ、「労災保険からの給付が受けられない」ということになるケースが出てきます。

　取締役になっているからといって、すべての人が、経営者とみなされるのではありません。労災保険からの給付対象になるか・ならないかは、「労働者性」と「業務上災害」かどうかという2つの要件で判断されます。

　まず「労働者かどうか」という判断がなされ、「労働者である」ということになれば、次に「業務上災害」とみなされるかどうかが判断されることになります。実際には、この2つの判断は、労働基準監督署では並行して行われているようです。

労働者とは

　労災保険の保険給付の対象となる労働者は、労働基準法上の労働者と同一と解されています。

　労働基準法9条では、「労働者」とは、「職業の種類を問わず、事業又は事務所に使用される者で、賃金を支払われる者をいう」と規定されています。

　具体的には、**労働者とは「使用者との使用従属関係の下に労務を提供し、その対償として使用者から賃金の支払いを受ける者」ということになります。**

　したがって、「労働者」に当たるか否かは、その実態が使用従属関係の下における労務の提供と評価するにふさわしいものであるかどうかによって、判断されることになります。

左官の専務取締役が工事現場へ工事の打合せに来て、死亡した事例では

　左官会社の専務取締役のAさんは、元請から工事の品質について苦情が出ている工事現場へ出向き、職長とその対応を協議することになりました。

　Aさんが工事現場の詰所へ行ったところ、職長は見当たらなかったので、作業現場へ向かいました。途中に立入り禁止となっている解体中の足場がありましたが、急いでいることもあり、かまわず乗り越えようとして、途中で足場板を踏み外して転落し、頭蓋骨骨折で死亡しました。

　この会社は、従業員が200名で、この地方では、名の知れた専門工事会社です。

　被災した専務取締役のAさんは、社長の下で、工事の統括管理に当たっており、社長は、工事施工については、Aさんを全面的に信頼し、任せていました。

　Aさんは、この会社の生え抜きで、左官見習いから始め、30年間まじめに勤め上げ、今の地位にある方です。また、Aさんは、専務取締役として職長よりはかなり高い給料を得ていました。

　この災害については、Aさんは専務取締役として経営者の立場で仕事に従事していたとされ、「労働者性」は認められず、労災保険からの給付はされませんでした。

型枠大工の取締役が、工事現場で応援作業中に負傷した事例では

　型枠大工の会社で取締役をしているBさんは、社長から工事現場の施工の手配を主な仕事として言い渡されていました。Bさんが手配した協力会社C社のマンション工事の型枠工事が大幅に遅れ、社長から「何とかするように」と強く言われました。そこでBさんは、腕には自信があったので、自ら作業に従事し、少しでも遅れを取り戻そうとしました。

　Bさんが仕事を始めて2日目に、電動ノコギリで、型枠材を切断中に部材の一部が跳ねて目に当たるという災害が発生しました。

　Bさんは、先代の社長時代にこの会社に見習いとして雇われ、30年間は、型枠大工・職長として務め、5年前から取締役に就任し、施工の手配に当たってい

ました。しかし、給料は職長時代より少し増加しただけで、仕事についても社長の了解を得なければならない立場にありました。

この災害では、Bさんは取締役の肩書きはあるが、実態は「労働者」と判断されました。

また、この災害については、型枠大工としての作業中のことであり、「業務上災害」とみなされました。

この結果、Bさんは、労災保険の給付を受けられることになりました。

以上のように、取締役あるいは執行役員、専務取締役として任命されていても、この肩書きだけでは、経営者とみなされません。

経営者か労働者かどうかの判断基準

労働者性の具体的判断基準としては、次の項目があります。

（1）業務内容

（2）指揮命令（自分の裁量で、配下の従業員を指揮監督しているか）

（3）報酬（作業員と比べて、経営者とみなすにふさわしい賃金か）

（4）経営者との親族関係

（5）出資状況

これらの項目を総合して考慮したうえで、「労働者性」がないと判断されれば、経営者とみなされ、労災保険は支払われないことになります。

経営者とみなされた場合の損害賠償

取締役などの役職についていて、経営者とみなされた者の災害に対する損害賠償は、一人親方（労働者性のない者）の場合と同じで、災害の責任が、「不法行為責任」あるいは「土地の工作物責任」であったような場合は、その責任の内容に応じ損害賠償がなされることになります。

また、経営者とみなされた者への損害賠償について、損害の項目は一般の労働者の場合で述べたところと同様に検討することになりますが、本人の会社への貢献度、経営者としての注意義務なども考慮してその金額を決めることになります。

経営者が現場で事故や災害にあった場合のことを考えて、経営者についても、労災保険の特別加入（中小事業主）、あるいは損害保険会社などの上積補償に加入しておくことが大切です。

労災保険法における法人の重役の取扱いについて（昭34.1.26　基発第48号）

1．法人の取締役、理事、無限責任社員等の地位にある者であっても、法令、定款等の規定に基づいて業務執行権を有すると認められる者以外の者で、事実上、業務執行権を有する取締役、理事、代表社員等の指揮、監督を受けて労働に従事し、その対償として賃金を得ている者は、原則として労働者として取り扱うこと。

2．法令又は定款の規定によっては、業務執行権を有しないと認められる取締役等であっても、取締役会規則その他内部規定によって業務執行権を有する者がある場合には、保険加入者からの申請により、調査を行い事実を確認したうえでこれを除外すること。この場合の申請は文書を提出させるものとする。

3．監査役及び監事は、法令上使用人を兼ねることを得ないものとされているが、事実上一般の労働者と同様に賃金を得て労働に従事している場合には、労働者として取り扱うこと。

4〜7　（略）

Q05 JVサブの会社です。スポンサーから損害賠償の一部を負担しろと言われましたが、本当にそうしなければいけないのでしょうか。

 A 出資割合に応じて負担することになります。

JVの法的性格は？

　各社が各々決められた割合の出資を行い、工事の施工にあたる共同企業体（以下JVといいます）においても当然のことながら労働災害は起こり得ますし、示談の必要も出てきます。ではJVというのは、法的には一体どのように解釈されているのでしょうか？

　最高裁の判例によれば、法的にはJVは民法上の組合となるとされており、このことは広く知られています。では、民法上の組合とはどのようなものなのでしょう。民法667条によれば組合とは「各当事者が出資をして共同の事業を営むことを約することによって」成立するものと規定されており、その特徴としては、

（1）民法677条が「組合の債権者は、組合財産についてその権利を行使することができない」と定めていることから、組合の債権が各組合の分割債権となるわけではなく、組合の財産は構成員の財産から独立していると考えることができます。

（2）民法675条が「組合の債権者は、その選択に従い、各組合員に対して損失分担の割合又は等しい割合でその権利を行使することができる」と定めていることから、組合員は組合の債務について、組合員の損失分担の割合によって（それを債権者が知らない時は各組合員平等に）無限責任（上限金額が設定されない責任）を負うことになります。

といったことをあげることができます。

　なお、下級審の判決ではありますが、不法行為による損害賠償が争われたJV工事施工中における労災事故の判決において、

　①　JVに、1）企業体は建設事業を共同連帯して営むことを目的とする、2）各構成員は建設工事の請負契約の履行に関し、連帯して責任を負うものと

する、との約定があることから、損害賠償義務は「民法675条の規定にかかわらず」各構成員らの不真正連帯債務^(注)となる。

② 加害作業員はJV自体の雇用契約上の労働者ではないが、使用者責任（民法715条）でみた場合にはJVの被用者にあたるとして、各構成員は不真正連帯債務を負う

と判示したものがあります。

（注）不真正連帯債務
　　別個の原因によって、数人が同一内容の給付をする債務を負担すること。不完全連帯債務ともいう。受寄者が不注意で受寄物を第三者にこわされた場合に、受寄者は寄託契約により、第三者は不法行為により、ともに寄託者（所有者）に対して損害賠償義務を負う場合がその例。一方が弁済すれば、債権者は満足を得るから、他方の債務も消滅する点では連帯債務と同一であるが、連帯債務のように、はじめから共同の目的をもって発生したものではなく（主観的関連なし）、偶然に生じたものであるから、債務者の間に負担部分がない。また、全ての債務は全く独立しており、１人の債務者に生じた理由が他に影響を及ぼさない点でも連帯債務と異なる。
（法律用語辞典より引用）

実務上はどうなるのか

　しかし、そのような理論上の規定は実務ではあまり関係ないと思われます。なぜなら被災者が構成員に対し直接請求を行い、「JVは組合だから損害のうち貴社の持分について支払いを逃れられない」と言ってくることはあまり考えられないからです。被災者からJVの代表者に対して請求がなされ、代表者から構成員に対し報告がなされた後、JVの代表者が交渉を行っていくことが通常ではないでしょうか。

　そこで問題になるのが、**JVの代表者から損害賠償金について出資割合に応じた負担を求められた場合、それを支払わなければならないのかということです。これについては、原則からいえば支払わなければならないということになるでしょう。**なぜなら、単独で施工した工事での災害の場合、その施工主体である元請会社が損害賠償の責めを負うことがあることに鑑みれば、JVが施工している工事での災害であっても変わるところはなく、同様に施工主体であるJV全体が損害賠償の責めを負う（JVの債務となる）ことになると考えられます。その場合、JV代表者がJVを代表して示談を行い、損害賠償金を被災者に支払うことは、代表者がJVとしての債務を支払ったということですから、各構成員は出資割合に応じてその持分を代表者に対して支払わなければならないと考えられるからです。

　ただし、代表者が構成員に対し何ら説明をせずに示談をしてしまうことや、そ

の示談にかこつけて、被災者に通常考えられるより多額の示談金を支払うことがないよう、交渉経過について代表者に対して説明を求めることや、場合によっては自社としての意見を述べるなどの対応をしなければなりません。

　なお、近年はJVの協定書に「共同企業体が発注者、工事従事者及び第三者に対し損害賠償義務を負った場合は、構成員は連帯してその責に任ずるものとし、その費用は、協定書記載の出資の割合により各構成員が負担するものとする。なお、共同企業体解散後に残る紛争についても同じ扱いとする」との条項を入れ、その取扱いを明確にしている事例も見受けられます。

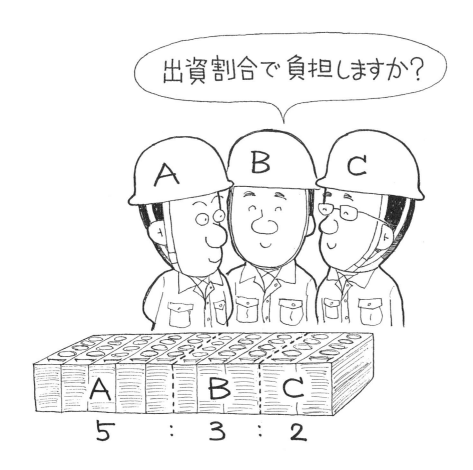

支払う時の留意点

　JV の代表者が交渉を行って示談し、その示談金を支払ったので持分に応じて請求をしてきたからといって、何の裏付けもなく支払うことはできません。特に、上述したような一般的水準と比較して多額の示談金を支払う際には、経理担当者としては贈与と認定されるのでは、との思いも持たれることでしょう。**示談にあたっては、先ほど述べたように、交渉の経緯、決定した金額の根拠などの報告を代表者から求め、その金額が決定するに至った過程をしっかりと把握し、その根拠について自社においても説明ができるようにしておくことが大事です。示談書の保管も当然です。**

　ここで気をつけたいのが示談書の記載です。JV 構成員も和解の当事者となり、示談書に自ら記名押印をするような場合には問題がありませんが、JV の代表者のみが示談の当事者となる場合、上述したとおり「JV」と「構成員各社」は異なるものですから、示談書には、必ず「○○共同企業体代表者　□□建設」と記載し、JV が和解をするということをはっきりさせることが必要です。また、請求権放棄条項においては、「被災者と JV（□□建設、△△建設、○○組の各共同企業体構成員ら）との間には…」とのように記載し、総体としての JV だけではなく、構成員各社それぞれと被災者の間にもこれ以上の債権債務が存在しないことを確認しておく形にしておくべきでしょう。

労災上積保険について

　最近では、労災でカバーできない支払いに備え、いわゆる労災上積保険に加入することが行われています。JV 工事においても加入しているのか、その保険料の扱いはどうなっているのかについて、JV 代表会社に確認し、加入していない場合には加入を促すことにより、もしもの事態に備えておくことも大事です。

06 現場で協力会社の作業員が被災した場合に元請は必ず損害賠償負担が発生するのでしょうか。

 A 元請の民事損害賠償責任は安全配慮義務、不法行為責任、使用者責任、土地の工作物責任などを根拠にしており、これらの責任がある場合は損害賠償をすることになります。

元請に損害賠償義務が発生する根拠はどこにあるか。

　元請が直接雇用していない作業員の労働災害で、そのうえ元請に過失がないにもかかわらず法的責任（損害賠償のことです）を負うのは理不尽と考える方もいるかもしれません。確かに、常識的にはそう考えるのが一般的でしょう。しかし、**元請が損害賠償責任を負う法的な根拠を考えると、次の条文が浮かび上がってきます。**

（1）使用者責任（民法 715 条）

（2）注文者責任（民法 716 条）

（3）土地の工作物責任（民法 717 条）

（4）債務不履行（民法 415 条）

　以上のうち労働災害との関係では特に（1）と（4）が重要なので整理しておきます。

使用者責任（民法 715 条）

　715 条 1 項は「ある事業のために他人を使用する者は、被用者がその事業の執行について第三者に加えた損害を賠償する責任を負う」としています。

　整理すると、①使用者が利用する作業員の行為が他社の作業員を被災させた場合には、②その被災が「事業の執行について」発生したものであること、すなわち、使用者が利用する作業員が、外形的にみて本来の職務を行っていたこと、③その際に作業員による第三者（本事例の場合は被災作業員を指します）への加害行為（不法行為）が行われたこと、という 3 条件が整った場合に使用者責任の問題が発生します。通常、直接の加害者は使用者が利用する作業員個人ですから、

被災作業員との関係では加害作業員個人が損害賠償の責任を負うのですが、この条文は使用者にも損害賠償責任を負わせるという規定なのです。

ここで問題となるのが、「使用者」とは実際に作業員を「雇用」している協力会社のみなのかということです。裁判所はこの「使用者」と「被用者」との関係、つまり「使用従属関係」を事実上の指揮監督関係の存在の有無に求めています。ここでいう指揮監督関係とは、間接的な指揮監督関係を含み、元請が下請作業員に直接的な指示を行わなくても、例えば職長等に対して、作業日程、作業手順等について指示をしている場合にも該当します。

換言すれば、**雇用契約関係が存在しない請負契約関係でも事実上の指揮監督関係が存在すれば元請を使用者と認めています**。孫請負人の作業員が加害行為をした場合は、中間に協力会社が存在しても元請が使用者と認められる場合があるということになります。

債務不履行においても協力会社の作業員が元請の社員と同様に指揮監督を受け、その命令に服して労務を提供し、支配拘束されていれば元請にも安全配慮義務があるとするのが判例の考え方です。こう考えると使用者責任と考え方は異ならなくなります。

元請が使用者となる場合の考慮要素

以上述べてきた他、判例では次のような要素を考慮して元請が使用者に該当するかを決定しています。
（１）元請と協力会社との結びつきの強さ
（２）協力会社の元請への専属性の強さ
（３）協力会社に対する作業の場所、設備や機械、事務所の貸与、資金援助
などを判断して決定しています。

元請と協力会社の損害賠償負担割合

以上見てきたのは裁判となった場合に裁判所は元請をどのように考えているかという観点から説明してきました。

ここでは、実際はどのようにすればよいか、つまり元請と協力会社との責任の度合いによるということになってきます。以前は元請といえば親同然という考えがあり、元請になんら過失が無くても全額負担するという場合がありましたが、最近では協力会社が作業員との示談交渉や損害賠償金を支払うことが多くなっています。元請では、上積保険制度に加入していることを条件に取引をするように

なってきています。ただ、元請にもいくらかの過失があると認められるときはその負担割合を話し合い、割合に応じて元請が負担すべきです。このような場合は必ず覚書や合意書を作成しておくことが必要です（34 ページ参照）。なお、孫請負人の作業員が被災した場合でも、中間にある協力会社も応分の負担をすべきです。

合意書例 　甲が元請、乙が一次協力会社、丙が二次協力会社の場合

合　意　書

　令和○○年○月○○日○○建設株式会社○○○○○新築工事において発生した労働災害（以下本件災害という）に関して被災者○○○○の相続人に支払った慰謝料を含む損害賠償金○○○○万円の甲、乙、丙の負担割合等を下記のとおりとすることで合意した。

記

1．　本件災害に関する労働者災害補償保険法および労働保険徴収法に基づく手続は甲が誠意をもって手続を行う。乙および丙はこれに協力するものとする。

2．　本件災害の被災者である○○○○（以下被災者という）の相続人に支払った慰謝料を含む損害賠償金は金○○○○万円で甲、乙および丙の負担額は下記のとおりとする。

　　　　甲　金○○○万円
　　　　乙　金○○○○万円
　　　　丙　金○○○万円

令和○○年○月○○日

　　　　　　　　　甲　所在地
　　　　　　　　　　　会社名
　　　　　　　　　　　代表者

　　　　　　　　　乙　所在地
　　　　　　　　　　　会社名
　　　　　　　　　　　代表者

　　　　　　　　　丙　所在地
　　　　　　　　　　　会社名
　　　　　　　　　　　代表者

　　　　　　　　　　　　　　　　　　　　　　　　　　以上

Q07 当社の職長がスレート屋根を踏み抜いてつい落して負傷しました。この職長は過去にもスレート屋根での作業経験があります。このような場合の過失割合はどのくらいになるのでしょうか。

A このつい落災害のケースでは、判例等から判断して被災者側に50%の過失があると考えられます。

過失相殺の意味

　労働災害における過失相殺とは、被災者に過失がある場合に、過失割合に応じた金額を損害賠償から減額することです。被災者は通常、労働災害による損害賠償請求を行う場合、相手方（通常は事業者）に故意または過失が100％あることを前提にしています。しかし、労働災害の内容をよく検討してみると必ずしも事業者ばかり責められる事案とは限りません。そのような場合、損害賠償額から被災者側に一定の過失があるとして損害賠償請求額から被災者の過失割合（一般的には％あるいは率）で損害賠償額を減額する形をとります（159ページ参照）。

　なお、被災者が不法行為によって損害を受けた場合に受領した労災保険給付を控除する制度がありますが、この場合は損益相殺といい、損害額の減額の一つですが、過失相殺とは異なります。

不法行為と安全配慮義務の過失相殺の根拠

　不法行為については民法722条2項で「被害者に過失があったときは、裁判所は、これを考慮して、損害賠償の額を定めることができる」と規定しています。安全配慮義務に関しては債務不履行（民法415条）を基礎としていますから、過失相殺の根拠条文は民法418条で「債務の不履行に関して債権者（被災者をさす）に過失があったときは、裁判所は、これを考慮して、損害賠償の責任及びその額を定める」と規定しています。この二つの条文をみると、722条2項は「損害賠償の額」であり、418条は「損害賠償の責任及びその額」となっており微妙に異なりますが、現状は両者を同一に取り扱っています。

被災者側の過失の程度

　一般的に、過失相殺は事業者側にどの程度の過失があるのかではなく、被災者側に過失があることから、その過失分を損害賠償から減額するものです。つまり、被災者の行動や行為に過失があるという評価であり、その評価があれば過失相殺を行うということになります。しかし、この評価は事業者が被災者に何もしていない、例えば設備面での不備等や基本的な指導や教育などを怠っていても過失相殺が許されるわけではありません。**設備や指導、教育を施していたにもかかわらず被災した場合、あるいは被災者がわずかな注意をすれば防げた災害、被災者が知識や経験豊かな熟練者であったなどが過失相殺の対象となり、かつ過失の割合が異なってきます。**

示談交渉に「過失相殺」を持ち出すべきか

　示談の場で「100％当社に過失があるとして計算した金額はこれくらいだが、被災者にも過失があるから何割を引きますよ」などと言われて、被災者側が素直に応じるケースは少ないでしょう。むしろ、示談交渉が長引き、場合によっては裁判となることも考えられます。多少譲歩しても早期に示談を締結したほうがよいのか、それとも長期化して最悪の場合裁判となったとしても、被災者の過失について勘案しない示談はできない、と思えるほどに被災者の過失が大きいのか、案件ごとによく検討したうえで対応を決めることが必要です。

　示談交渉においては過失相殺を持ち出す場合は慎重な対応が必要です。

判例に現れた過失相殺事例と割合

　過失相殺に関する判例は多数に及んでいます。したがって、過失割合とその根拠を表のとおり整理して示しておきます。この過失割合は被災者側の過失をさします。

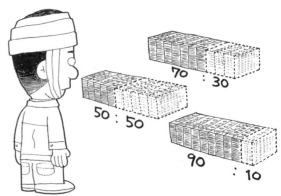

過失割合一覧表

NO	割合	判　例　要　旨
1－①	0%	運転手がショベルローダーを後退させる際に、周辺にいた作業員に退去するように呼びかけながらもその退去を確認することもなく漫然と車両を後退させ、途中で急に方向転換をしたためバケットを被害者に衝突させた事故について、漫然と方向転換をした運転手に過失があり、被害者には過失なし。
1－②	0%	じん肺のケースであるが、被災者は防塵マスクを着用していなかったが、じん肺罹患の主たる原因が防塵措置、じん肺教育をしてこなかった使用者側にあるとして被災者に過失なしとした。
1－③	0%	取付け作業の一環として取付け箇所の土台部分の計測をしていた作業員のうえに 100kg の ALC 版が落下してきた事故について、被災者は自分の仕事をしていたことを理由に過失なし。
2－①	10%	ミキサー車が頻繁に後退して進入する危険な事故現場にミキサー車の動静に関心を払うことなく立っていて被災した。
2－②	10%	橋桁製作作業中橋桁が横転した事故につき、被災者がジョイント作業をするにあたって養生を軽視した。
3－①	15%	狭い作業場内で大型貨物自動車の荷台からの荷下ろし作業中の被災者が右側後部のサイドガードから飛び降りようとして後退してきた加害者運転のフォークリフト右側のヘッドカバーボールとサイドガードの間に挟まれた事故で、フォークリフトの状況に全く注意を払わなかったこと。
4－①	20%	作業の責任者である被災者が適切な地点に誘導員をおくなどの予告標識を設置するなどの保安を講じた上で作業をなすべきであったのにこれを怠った。
4－②	20%	杭打機の横転による事故につき、被災者が杭打機の下に敷設した覆工板の敷設方法がずさんであり、また、既に傾いていた杭打機に登るなどした。
4－③	20%	建物（ガレージ）解体作業中、孫請け人の墜落について、下請人（被告）側には、踏み抜きによる墜落防止措置義務があるが、「原告は本件解体作業中誤って鉄骨から足を踏み外してスレートを踏み抜いたものであるから、原告自身にも過失がある」とした。
5－①	25%	キューポラ爆発による被災につき、被災者が 20 歳にも達しない未経験者であったことを考慮しても危険に気づきながら損害の拡大を機敏に回避しなかった過失がある。
6－①	30%	足場板の破損により被災者が墜落したケースで、被災者は安全帯を容易に使用できたのにこれを用いなかった点、ジャッキ受けのはめ込み作業を行うに当って細心の注意を払うべきであったのにこれを怠った。
7－①	35%	水道工事に従事中、突然旋回してきたバックホーに腰部を打たれた孫請け会社の作業員が負傷した事故で、重機の回転半径内に入らないように指示を受けていたのにそれを守らなかった。
8－①	40%	作業床未完成部分は危険であるのでみだりに立入らぬように注意を与えられ、また、被災者は永年この種の作業の経験から危険性を十分に知悉していたにもかかわらず、被災者は危険箇所を漫然歩行していたという過失があった。
9－①	50%	土砂崩れの復旧工事にあって、被災者は本件工事の安全責任者でありながら正規のオペレーターでない作業員がクレーン操作をするのを黙認し、かえって補助している事実を考慮して 5 割の過失があるとされた。
9－②	50%	地上 30 メートルからの墜落事故死で、事前に養生網に開口部があったとしても高所作業に慣れている塗装工がそこから転落することは一般的に予想されないことであり、被災者が通常の注意を払っている限り起こりえないことであるから、同人が右開口部から墜落したことは同人にも不注意があったといわざるを得ない、とされた。
9－③	50%	被災者の足場部分から開口部の方に向いて足場を渡していったなら足場の先端がずり落ちていくことは容易に感知できたはずであり、被災者の足場板の渡し方も事故の一因をなしているとして 5 割の過失相殺を相当とした。
10－①	60%	重量が過重の場合にブームを倒せば車が倒れる危険に結びつくのが見やすい道理であるのに、荷重計を見ず重量を確認せずに鉄筋を吊り上げ、軽々にブームを倒して鉄筋を下ろそうとしたところに被災者自身の操作上の過失があるとされた。
11－①	70%	本件失火の直接の原因は、被災者が自分で吸った煙草の吸殻をその火を十分消さないまま捨てたことにあるから、被災者の過失はきわめて大きいとされた。
11－②	70%	本件クレーンの状態を一見すれば安全措置が施されていないことが分かること、取付けピンを抜くためにブームの下に入る必要はなく、普通はその抜き取りのために万一に備えてブームの下に入らないこと、被災者が頼まれもしないのに何のことわりもなく他人の仕事に介入したこと等から、被災者にも重大な過失があったとされた。
12－①	80%	高血圧症の疾病がありながら、使用者の振る舞い酒を控えなかった点に重大な過失ありとして、素因の寄与率を 50% としたうえで、80% の過失相殺をしている。
12－②	80%	被災者は電気系統の知識と経験があり、クレーン修理の経験もあるのに、ヘルメット、革手袋をせず点検修理作業中に誤ってトロリー線に接触して感電死したものであり、被災者にも重大な過失があったとされた。

(注) 厚生労働省労働基準局労災管理課編「労災民事損害賠償訴訟に関する調査研究」（労働福祉共済会）より引用

建築現場で外国人がつい落し、死亡してしまい、被災者の家族から損害賠償を請求してきました。確かに、つい落防止措置が不十分であり、当方に非があります。しかし、調べたら不法就労者でした。このような場合でも損害賠償はしなくてはいけないのでしょうか。

 　たとえ、不法就労者でも事業主に過失があれば損害賠償をしなければなりません。

不法就労外国人の労働者性

　わが国の労働基準法および労働者災害補償保険法はもちろんのこと労働安全衛生法、最低賃金法のほか厚生年金保険法などの社会保険法などは属地主義を採用していますから、国籍を問わず日本国で働いていれば適用されます。したがって、**不法就労外国人でもわが国で就労している場合は、わが国の法の保護の対象となります。**

不法就労外国人の損害賠償請求権と根拠法

　ご質問の内容から判断して、貴社はつい落防止措置を怠り外国人労働者がつい落したと考えるのが妥当でしょう。そうだとすると、当然に労働者の法律上の利益を害したことになりますから、不法行為で損害賠償請求は可能となります。したがって、損害賠償請求権が存在することになります。

　通常日本人であれば民法に基づき損害賠償をすることになりますが、外国人となると少し異なります。単純に日本の民法によるとは限りません。つまり、外国人の本国の法律によるのか、それともわが国の法律によるのかが問題となります。

　わが国には「法の適用に関する通則法（平成18年6月21日法律第78号）」（以下通則法という）で、国内で発生した民事上の問題をどこの法律に従うかを定めています。ご質問の外国人が被災した場合は通則法17条で「不法行為によって生ずる債権の成立及び効力は、加害行為の結果が発生した地の法による」と規定しています。したがって、この条文により不法就労者でもわが国の民法の適用がありますし、交通事故であれば自賠法なども適用されることになります。

遺族の特定

　死亡災害となると相続の問題が発生します。これは示談の当事者とも関係してきます。前述の通則法によると相続に関しては被相続人の本国法によることとされています（通則法36条）。したがって、死亡した場合は本国法がどうなっているのかを調べなくてはいけません。そうは言っても図書館にいけばすぐにわかるというものではありません。現在ではインターネット等を用いてある程度調査をすることはできますが、**国際弁護士や日本在住の大使館などに相談あるいは問い合わせるのが最良です。**

不法就労外国人の収入算定

　損害賠償は積極的損害と消極的損害と慰謝料に分類されますが、逸失利益の計算式は通常の損害賠償と何ら変わりはありません。しかし、逸失利益の算定方法は所得で決まります。そのため、就労可能年数や収入をどのように算定するかが問題となります。

　本国での収入を基準とするのか、あるいは日本での収入によるのかという問題です。判例は、わが国での就労可能期間を3年間とし、その間の実収入を基礎として、それ以後は67歳までの期間については母国での収入を日本円に換算して損害額を算定しています（最高裁平成9年1月28日）。この3年間は不法就労期間が3年くらいとの蓋然的な考えによるものと思われます。

　なお、不法就労とは違法な行為であるわけですから、日本における実収入＝損害との考えに立てば違法性による減額を考慮することもできると考えられますが、事業主が不法就労に該当することを認識しながらもなお雇用したような場合には、信義則の観点から減額を主張できないような場合もあり得るものと考えられます。いずれにせよ、労災発生時における在留資格の種類や在留期間等から、いずれの国でどれだけの収入を得る見込みがあるかという観点から基礎収入を検討していくことになります。

　母国の収入の算定については被災者の過去の本国での仕事と実収入が基礎となりますが、実際にそれらを把握することは大変なことです。

建築現場に外国人技能実習生がいますが、その1人がつまずいてケガをしました。現場で仕事中に発生した災害なので、労災保険からの給付対象となるのでしょうか。

外国人技能実習生は労働者となりますから、労災保険の給付対象です。しかし、講習（座学）期間中は雇用関係がありませんので、労災保険の給付対象となりません。

外国人受入れ制度

外国人労働者が建設現場において現業業務に就労できる受入制度は、**外国人技能実習生、外国人建設就労者、特定技能者の3種**があります。

わが国に入国する外国人は、すべて「出入国管理及び難民認定法」（入管法）により規定された在留資格が与えられることになっており、外国人技能実習生には「技能実習」、外国人建設就労者には「特定活動」、特定技能者には「特定技能」の在留資格が与えられます。

労災保険の給付対象

上記3種の受入制度で就労する外国人は労働者となりますので、いずれも労災保険の給付対象となります。ただし、技能実習生の雇用契約は技能等の習得活動を開始する時点から効力を生じますので、初期の原則2カ月間の講習（座学）期間中は労働者ではなく労災保険の給付対象とはなりません。この期間は公益財団法人 国際人材協力機構（通称 JITCO＝ジツコ）が窓口で取り扱う外国人技能実習生を対象とした保険に加入していおた方がよいでしょう。

なお、現場での就労が認められていない在留資格で就労している者や、在留期間を過ぎて就労する不法就労者も労働者であれば労災保険の給付対象となります。

労災保険の給付請求

　労災保険の給付請求は、被災者は遺族が直接行うことになっていますが、自ら請求その他の手続きを行うことが困難な場合には、事業主にその手続きを助力する義務があります。

　技能実習生が被災した場合、労災保険についての理解が不十分であること、日本語が堪能でないこと等もあり、困難な場合が多いと考えられることからら、実習実施者は積極的な援助を行うことが必要と考えられます。

　具体的には、①保険給付の請求手続きを代行すること、②保険給付の請求に当たり、必要事項等の記入に際して手助けすること、③場合によっては、請求にあたって労働基準監督署に同行すること、④受給に伴う金融機関の口座開設を援助すること等が考えられます。

ラフテレーンクレーン車で杭打工事を施工していまし
たが、地盤が悪くアウトリガーがもぐり、ラフテレーン
クレーン車が傾いた結果、杭打工事の手元作業員がリー
ダと擁壁の間に挟まり負傷しました。このような場合の
補償はどのようにすればよいですか。

補償についてはリース会社の加入している自動車賠
償責任保険が使えます。
また、この杭打工事が請負工事として施工されてい
るのであれば、元請の労災保険が適用されます。

オペ付きリース機械により被災した場合の労災保険の適用

　杭打工事を請け負ってその作業に必要な機械をオペ付きで借りた場合の労災保
険の適用の有無は杭打業者が元請と請負関係にあったのか、被災者が請負契約の
一部であったかなどが判断の材料となります。本設問ではリース機械を使って杭
打業者の作業員に杭打工事をさせていたときに労働災害が発生したのですから、
元請の労災保険が適用となります。

リース機械の保険は使用できないか

　リース機械を賃貸している業者は自動車損害賠償保障保険法３条でいう「運行
供用者」に該当し賠償責任を負うことになります。また、一般的には任意保険に
加入しているので広く損害をカバーできます。労働災害であっても、それが交通
災害にもあたる場合は自動車損害賠償保障保険法に基づく保険や、任意保険によ
る保険金を請求できます。その場合は第三者行為災害ということになります。つ
まり、労災保険か自動車保険のいずれかを被災者は選択できることになります。
　＊以下強制保険と任意保険は総称して自動車保険という。

自動車保険のみの示談成立と労災保険の扱い

　　自動車保険を先行して適用し逸失利益分が填補された場合は、労災保険に基づく遺族補償請求または休業補償請求は、二重の填補となる部分について不支給となりますので支給は制限されます（ただし、特別支給金は支給されます）。

　　このような場合、事業主は**損保会社と十分協議し、場合によっては損保会社の担当者などと一緒に被災者側との交渉に当たるということもよいでしょう。**

　　なぜなら、このような労働災害は交通事故賠償の問題にもなるからです。

　では、自動車保険による填補のみで示談が成立した場合は、事業主にとっての労災保険のメリットはどうなるでしょうか。労災保険からは給付がありませんから、労災保険法上は労働災害がないことになります。したがって、メリット還付金が戻ることになります（最高40％）。

先日、被災者の弁護士から和解をしたいと言われました
が、示談とは違うのでしょうか。

示談が成立した後で、示談の成立時点では予想してい
なかった後遺症が発生した場合に示談は無効となるので
しょうか。

示談は必ず契約書にしないと効力はなくなるのです
か。領収書や念書だけでは示談の効力はないのですか。

示談は民法695条で定められている和解の一種です。
示談は、労働災害の特定や被災者と加害者名、示談
金額、示談締結後の請求権放棄条項などを記載する書
面で行うことが重要です。

和解と示談の相違

　労働災害に限らず自動車事故など災害事故関係では示談という用語を使用する
のが一般的になっています。和解とは民法上の法律用語です。民法695条では「和
解は、当事者が互いに譲歩してその間に存する争いをやめることを約することに
よって、その効力を生ずる」と規定しています。

　このような契約を和解というのです。この条文を分解してみましょう。そうす
ると①当事者（被災者と事業主）との間に権利の主張に食い違いがあること、②
当事者が譲歩（歩み寄る）すること、③当事者間の争い（紛争）を解決すること
を約束する契約だということになります。

　このように説明すると示談だって同じではないかということになりますが、示
談では例えば、事業主に非がなくても死亡や重篤な労働災害の場合には事業主が
一方的な譲歩をする場合があることや示談条件に「請求権放棄条項」（88 ペー
ジ参照）が加えられることなどが和解と異なる点です。なお、示談は一般的な法
律用語ではありません。

　このような相違点があるからといって、和解と示談はまったく異なる性格のも

のではありません。**示談も紛争解決を目的としていることから和解の一種と考え**てよいのです。

示談の効力

示談は、通常は争いのある不確定な法律関係（過失の存在や割合など）を、相互に譲歩して当事者間で自主的に解決する契約です。示談が成立しますと、今まで不確定だった法律関係が示談書に書かれている内容で法律関係が確定します。

したがって、示談が成立（実務的には相互で署名捺印した段階）すると、成立した後に示談の内容について見込み違いや損害が生じても、それを理由に示談の効力を覆すことはできません（民法696条）。そうでないと示談や和解の意味がなくなるからです。言い換えれば、示談のやり直しはできないのです。例えば、示談後に、示談時に想定していたよりも軽いケガだったことが判明したような場合でも示談の効力は覆ることはありません。

ただ、示談の当事者がＡだと思って示談書に署名捺印し示談金を払った後にＢ

であることが判明した場合には、Ａがだまして示談をしたのであれば取り消すこと（民法96条）ができますし、こちらの思い違いだったとすれば重要な要素の錯誤（民法95条）で重大な過失がない限り示談は無効になります。したがって、Ａに対して示談金の返還請求ができますし、返さない場合は、Ａの行為は刑法の詐欺罪に当たる場合も出てきます。

示談時には予想しなかった損害が生じた場合

　前述したように示談はいったん成立すると重要な錯誤などがない限りやり直しはできません。しかし、労働災害などでは、示談後に当事者の予期しない後遺症や再手術などが発生する場合があります。このような場合に被災者側から申入れがあった場合に、示談が成立したのだから再度テーブルに着くことはできないと突き放すことができるかという問題です。

　労働災害の判例は見当たりませんが、交通事故の判例で最高裁は、例外的に損害賠償の追加請求を認めています。その判例内容は「全損害を正確に把握しがたい状況のもとにおいて、早急に小額の賠償金をもって満足する旨の示談がなされた場合において、示談によって被害者が放棄した損害賠償請求権は、示談当時予想していた損害についてのもののみと解すべきであって、その当時予想できなかった不測の再手術や後遺症がその後発生した場合その損害についてまで、賠償請求権を放棄した趣旨と解することはできない（最判昭和43年3月15日民集22・3・587）」と判示しています。つまり、示談当時にはおよそ予測できなかった例外的な事情変更があった場合となります。

　そのため、例えば、医師が示した治療期間をもとに示談が成立した後、治療期間が延びたからといって被災者がこの判例を基に入院費用などの賠償の追加請求をすることは無理がありそうです。なぜなら、医師によって一応の見込みであれ治療期間は示されており、治療期間の延長は示談当時におよそ予想不可能だったとまではいえないからです。

領収書や念書でも示談となるか

　示談契約は口約束でもかまいません。要式行為（一定の方式を必要とする法律行為。例えば遺言など）もありません。ただ、**当事者が互いに譲歩してその間に存する争いをやめることを約束する契約ですから、示談後に紛争にならないようにしておかなければなりません。**そのためにはＱ25で説明する示談書に記載する項目が網羅される必要があります（89ページ参照）。

　領収書を示談書の代わりとすることはできますが、あくまでも領収書は金銭を受け取ったことを証明する物です。また、示談の証としての示談金の特定はできますが、示談金のうちの一部なのか、それとも全部を受領したのかも判然としませんし、当事者や損害賠償発生日時、請求権放棄条項などを記載するのがスペース的にも困難でしょう。

　では、念書はどうでしょうか。念書とは、通常、一方が他方に対して約束する事項を明確にするために交付する書面です。一方が拘束される内容となるのが一般的で、双方が約束内容に拘束されるいわゆる契約とは異なります。また、念書は事実関係や示談金の支払い方法などを約束する程度の内容が多く、証明力も弱いと思われます。もちろん、名称の如何を問わず示談（あるいは和解）の内容が網羅されていれば念書でも領収書でも示談の効力は発生しますから問題はありません。

損害賠償金に税金はかかるのでしょうか。

　　　**一般的には税金はかかりません。ただし、損害額と
して相当なものとして、税法上取り扱われる金額を超え
た金額については、課税の対象となることがあります。**

示談金にも影響

　被災者（もしくはその遺族）は、分割払い条項があるような、ごく稀な特殊な
事例を除いて、示談金の全額を一度に受領することになります。その金額は何
千万円にものぼることが少なくありません。そこで気になるのが、このような示
談金に対して税金が課せられるのか否かということです。仮に示談金が一時所得
とみなされ税金が課せられるとすれば、被災者が受領した示談金のうち実際に手
許に残る金額はかなり少なくなってしまうこととなり、被災者としても、税金分
を上乗せした金額をもらえなければ示談はしないと考えることになりましょう。
その影響は大きなものがあります。

税金はかからない

　所得税法9条1項17号は「損害保険契約に基づき支払を受ける保険金及び損
害賠償金（これらに類するものを含む。）で、心身に加えられた損害又は突発的
な事故により資産に加えられた損害に基因して取得するものその他の政令で定
めるもの」については所得税を課さないことを定めており、また、所得税法施行
令30条1項3号は、所得税法9条1項17号の「政令で定めるもの」の内容の
一つとして、「心身又は資産に加えられた損害につき支払を受ける相当の見舞
金（第94条の規定に該当するものその他役務の対価たる性質を有するものを除
く。）」が該当することを規定しています。

　これらの規定に基づき、**被災者が受け取る損害賠償金については非課税とする
扱いとなっており、被災者は税金を支払う必要がないということになります。**

　次に、死亡事故の場合はどうなるでしょうか。このような場合、被災者が取得
した損害賠償請求権を遺族が相続することによって示談金を受領する権利が発生

する、という考え方に従えば、遺族には相続税がかかるのではないかとも思えますが、実際には、遺族が受け取る示談金についても（相続財産ではなく）遺族固有の所得とされます。ですので、本来であれば所得税の対象となるものですが、前述した所得税法の規定により非課税とされる、すなわち遺族には所得税も相続税も課税されない、ということになります。

示談後に亡くなったときは

では、被災者との示談が成立したのち、被災者がその示談金を受領しないうちに、事故による傷病とは関係のない原因により死亡してしまった場合はどのように考えればよいでしょうか。

このようなケースでは、その「損害賠償金を受ける権利」に対して税金が課せられることになります。被災者が示談金を受領してから亡くなった場合、既に受領して手許にある金員が相続財産として課税の対象となるのは当然であるのに対し、もし権利として確定はしていても受領をしていなければ税金がかからない、すなわち受領の時期によって課税されるかどうかに差が発生するということであれば、それは公平を欠いているということになり、よって、このような場合においては、その示談金を受領する権利を相続財産の一部として課税をすることとなっています。

実際の場面では、上記のような事例は少ないかもしれません。しかし、被災者ならびにその遺族に対し「示談金には税金はかかりません」という説明を行ってしまうと、実際に上記のようなケースになった時に、思わぬトラブルが発生することも考えられます。通り一遍の説明をすることなく、実際の状況にあった説明をするよう心がけてください。

税金がかかる場合もある

ここまで、原則として損害賠償金には税金は課せられないことを説明しました。しかし、「損害賠償金（示談金）」という名目であれば、被災者にいくら支払ったとしても全額が非課税となるわけではありません。

この点につき、マンション建設に伴う日照阻害に伴う損害賠償の支払いについてですが、裁判所が判断した例があります。その判例は「損害賠償金、見舞金、及びこれらに類するものとは、損害を生じさせる原因行為が不法行為の成立に必要な故意過失の要件を厳密に充すものである必要はないが、納税者に損害が現実に生じ、または生じることが確実に見込まれ、かつその補填のために支払われる

ものに限られると解するのが相当である」としています。

　そうすると、「当事者間で損害賠償のためと明確に合意されて支払われた場合であっても、損害が客観的にならなければその支払金は非課税にならないし、また、損害が客観的にあっても非課税になる支払金の範囲は当事者が合意して支払った金額の全額ではなく、客観的に発生し、または発生が見込まれる損害の限度に限られるとしなければならない」として、授受のあった金額の全額が非課税となるべきとする主張を「本来法律によって一義的に定められなければならない非課税の範囲を、支払者と受領者の合意によって変更することを認めるものであって到底採用することはできない」と判断しています。

　これによれば、**損害額として相当なものとして税法上取り扱うべき範囲を超えた金品の授受は課税対象となりうる**、ということができます。

労災保険はどうなる

　それでは、示談金とは異なりますが、被災者が事故に遭ったことに起因して支払われることとなる労災保険についての税金はどのようになっているのでしょうか。

　労災保険法12条の6は「租税その他の公課は、保険給付として支給を受けた金品を標準として課することはできない」と定めており、保険給付として支給を受けた金品（現金給付ならびに現物給付）は、労働災害により、労働者、遺族等の被った損失をてん補し、その保護を図るために必要なものであって、税法上にいう、いわゆる所得とは異なり、国税たると地方税たるとを問わず、これを標準としては、租税を課せられないことを明らかにしています。よって、労災保険の給付金には税金はかからないということになります。

これは課税対象

税務署

損害額として相当な範囲を超えている部分

Q13 労災上積保険に加入したいと考えていますが、どのような制度なのでしょうか。

 A 労働者の業務上災害または通勤災害に対し、労災保険からの給付の他に補償を行う制度です。

労災上積保険の種類および制度と保険の性格

　労働災害に伴う示談金額は高額化しており、企業の屋台骨を揺るがしかねない負担となっています。その負担の軽減化を図るため第二労災保険あるいは労災上積保険という名称で呼ばれている保険に加入している企業が増えています。被災者に対し労災保険で埋めきれない部分を補償し、事業主に対しては法定外補償の費用を軽減する性格のもので、いわゆるリスクヘッジをしているというわけです。また、発注者やゼネコンの中には協力会社との契約条件としてこの保険の加入を義務付けているところも出ています。

　ところで、労災上積保険制度とは、労働者が業務上の事由、または通勤により死亡、または重度の身体障害を残したり傷病の状態にある場合、被災者に対し労働者災害補償保険法（労災保険）に基づく保険給付の他に、補償を行う制度です。

　労災保険からは休業3日間までの休業補償は支払われないことと、休業補償についても給付基礎日額の80％（休業補償と特別支給金を合計したもの）しか支給されないため、被災者の損失を全額補償することはできません。さらに後遺障害や死亡した場合の慰謝料も支給されません。そのため労災上積保険の支払い対象としては死亡、後遺障害に対する慰謝料、休業補償などがあげられます。

　このような労災上積保険を取り扱っているところは損保・生保会社の他（公財）建設業福祉共済団、　（一社）建設業労災互助会、全日本火災共済協同組合連合会などがあります。

上積保険に加入するメリット

　企業の負担軽減が最大のメリットですが、この制度を利用することのもう一つのメリットとしては、経営事項審査のうち労働福祉に関する審査項目の対象とな

り、総合評点に加算されることです。

保険金の支払い時期

　保険金の支払いは被災者や遺族などとの示談が成立した後となります。通常は1週間以内に支払いがなされているようです。このような早期の支払いができるようにするためには加入の保険会社等に、労働災害が発生した場合には速やかに簡単な災害報告を書面で通知しておくことです。

必要書類

　加入している保険会社により異なりますが、死亡災害を例にとりますと概ね次の書類が必要と思われます。なお、詳細はそれぞれの団体、会社によって異なります。

- ○　死体検案書
- ○　戸籍謄本
- ○　住民票
- ○　労働者死傷病報告
- ○　遺族（障害）補償年金支給請求書
- ○　雇用契約書
- ○　請負契約書
- ○　示談（和解）契約書
- ○　印鑑登録証明書
- ○　委任状等

示談金額と契約保険金との関係

　示談金額が保険金より少なかった場合、保険金額は満額支給されるかについては加入している保険の種類により異なります。契約約款を確認するか、それぞれの団体、会社に確認してください。

保険契約を締結するときに確認する事項

　まずは加入者自身がどのような保険を望むのか、その点を明確にするとよいでしょう。労災保険で補償されない部分を填補する目的として加入されると思われますが、補償が厚いほど掛け金も高くなるはずです。死亡の場合にいくら保険金を必要としているのか、後遺障害の場合は何等級までを補償対象とするのか、自

社の労働者だけを救済するのか、協力会社や関連会社の労働者も救済する必要があるのか、パートタイマーはどうするのか、経営者や事業主も救済対象とするのか、年齢制限はどうするのか、業務災害だけでよいのか、通勤災害も含むのか、職業性疾病も補償するのか、労災保険が適用される災害に限られるのか、労使協定や就業規則との関係はどうなっているのか。

　また、保険には記入名式と無記名式とがありますし、自社の作業員ばかりでなく、協力会社も含むのかなどにも配慮しなければなりません。

Q14 被災者が裁判所に訴えると言っていますが、裁判に対する心構えは。

示談がうまくまとまらず裁判になることもありますが、誠実な態度を変えることなく、裁判になった場合の流れをよく理解して対応することです。

示談がまとまらなければどうなる

示談は交渉事ですからうまくいかないことも当然あります。その理由は様々考えられ、被災者側からすれば金額的なことであるかもしれませんし、事業主側からすれば、事故原因がはっきりしない、被災者にも過失があるといった思いかもしれません。いずれにせよ、示談ができなければ、被災者は損害を賠償してもらうための次の手段を採ることが予想され、その代表例が裁判所を介した解決を図ることです。

裁判を起こされたら

被災者が、話合いによる解決を放棄し、交渉の場につかなくなったとしたら、いずれは裁判所を介した解決を図ってくるものと思われます。しかし、だからといって「裁判するならしてみろ」という態度をとっても構わないというわけではありません。示談交渉の当初から一貫して誠実な態度で被災者に接してきたことによって、裁判官が結論を考える際に好印象を与えることも十分あり得ることを覚えておいてください。

なお、裁判所を介した解決方法には、訴訟とは別に、当事者の申立てにより、簡易裁判所において民事調停委員会が行う調停による方法もあります。

被災者が訴訟を起こしたら、訴状が裁判所から送達され、同時に第1回期日が指定され裁判が始まるわけですが、訴状が送達されるまでにやらなければならないことも多数あります。

まずは書類の整理です。裁判官が審理するにあたっては、「こんなの元請、協力会社の間では公然の事実だ」とか「口約束ができていたんだ」ということは通用しません。裁判官は何も予備知識のないところから、お互いの主張および提出

した証拠のみをもって自らの判断を形成していきます。ですから「こんなこと現場では当然だ」ということについても、一つ一つ書面もしくは証言で立証を行っていかなければ自らに不利な判断が下されてしまうこともあります。そうならないためにも、早い段階から、自らの主張を証明するための書類があるかどうかを確認し、整理しておくことが大切です。

　次に聞き取り調査です。事実関係の確認、ならびに、訴状が届いていない段階でも原告が主張するであろう争点はおおよそ分かるでしょうから、それらの主張への対応、反論に必要な事項を、自社の現場担当者、協力会社の現場担当者、事故の現認者などから直接聞き取り調査を行います。なるべく早い時期に話を聞いておけば、それだけ記憶が鮮明ですから、真実をより正確に把握することができます。この時に、裁判の代理人を依頼する予定の弁護士に立合ってもらえればよりよいでしょう。

裁判が始まったら

　訴状が送達され、第1回期日が決まったら、代理人を選任します（もちろん会社代表者が訴訟遂行することも可能ですが、代理人に委任するのが通常と思われます）。そして、答弁書を作成し、可能であれば答弁書中の主張を裏付けるための証拠とともに裁判所に提出します。

　当初は争点の整理が行われるのが普通です。事故の発生日時や態様、原告のケガの程度（認定された障害等級）について原・被告双方の主張が一致していれば、その点については証拠の取り調べを行う必要はありませんが、どうしてそのような事故が起こったのか、起こるに至った経緯において誰の責任が重いのかなどについてはお互いの主張が食い違うのが普通ですから、その事項については、証拠調べをして裁判官の考えをまとめていく必要があります。このように、何について証拠を調べればよいのかをまず明らかにする作業を行っていくわけです。

　そして証拠調べです。書類で提出できる証拠については随時提出していきますが、証人を調べる場合には期日を決めて行うことになります。証人となるのは、現場担当者、協力会社の方、原告本人などが考えられますが、仮に現場担当者を証人とする場合、その日は裁判所に出向かなければなりませんし、また、事前の準備として自社の代理人との打合せが数回行われます。その間、自分の仕事にも支障がでますし、証人として法廷に立つのはかなりの重圧がかかることですから、それなりの覚悟が必要なことを覚えておいてください。

判決か和解か

　お互いが主張を出し尽くし、証拠調べも終わると、いよいよ判決となります。しかし、特に**労災民事賠償事件における裁判では、判決の前に裁判所から「和解の勧告」**が行われることがほとんどです。裁判上での和解とは、簡単に言えば、示談を、裁判所が妥当と考える条件で、裁判所という公的機関のもとで行うということです。そして、原・被告双方が和解を前提とした話合いのテーブルについてもよいと判断すると、和解協議が始まり、そこで裁判所が妥当と考える和解金額や、被告が多数いる場合には各々の負担金額、支払期日などが示され、その条件に原・被告双方が納得できれば和解成立へ向うということになります。

　逆にその条件では納得できないということになれば判決を選択するということになります。

　判決を受けるのと和解するのはどちらが得かは、事案の内容によって違いますから一概にいえません。ただし、判決で支払いを命じられた場合、遅延損害金（一般的に事故日から支払日まで年５％となることが多い）が加算されること、原告が必要とした費用として支払金の何割かが加算される場合もあることなどから、その金額は、単純に治療費、逸失利益、慰謝料を積み上げた金額よりも高額になります。また、判決において仮執行宣言がつけば、控訴したとしても原告は強制執行をすることができ、それを止めるために別途の手続も必要となります。さらに、和解をした場合にはその時点で紛争が終局的に解決しますが、判決を受けた場合には、判決の内容によっては被災者から控訴される可能性があります。控訴をされると、紛争解決が更に長引いてしまう他、原審と判断内容が変わり、控訴審では事業主側に更に不利な判決がなされる可能性も無いわけではないのです。

　上記のような事情、ならびに労働災害においては、損害を受けた被災者がいるという厳然たる事実があり、その支払者が元請なのか協力会社なのかという問題はあっても、負担額がゼロになるということはほとんどありえないことに鑑みれば、裁判所の考えた和解案というのは真摯に検討すべきものであるということはいえるでしょう。

その他の費用

　その他にかかる費用として、事業主が弁護士に対して支払う弁護士費用があります。弁護士に支払う費用としては着手金、相談料、成功報酬等があります。なお、労働災害に関して不法行為責任または安全配慮義務違反を問われて敗訴した場合、相手方の弁護士費用の一定額を損害として負担させられることもあります。その他に、裁判が遠隔地で提訴された際には代理人に対する日当、交通費、宿泊代などがかかることも忘れないでください。

　以下に民事賠償請求の流れを図示しておきます。

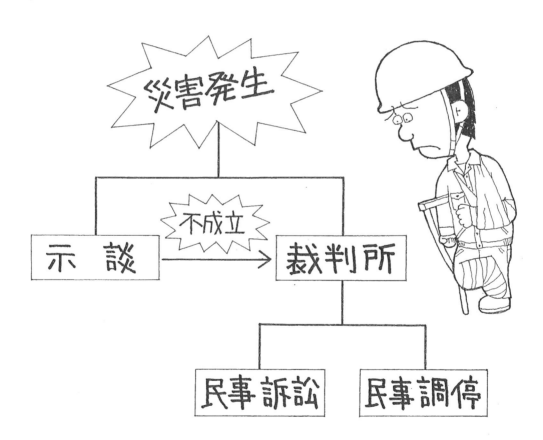

2 示談の進め方

示談はどのような経過をたどっていくのでしょうか。
留意すべき事項はどんなことですか。

示談は、遺族への連絡から始まって示談書の締結で終わります。被災者や遺族の立場を最優先に考えて示談を進めてください。

　被災者との示談は、どのような経過をたどっていくのでしょうか。示談を担当する者（安全・労務担当者）はどのようなことに留意すればよいのでしょうか。まず最初に、言えることは「示談にルールはない」ということです。「姑息な手段でできる限り安く」などとは考えない方がよいでしょう。死亡災害の場合、「失われた命は２度と帰ってこない」ものですが、それを金銭に換えて請求するという性格をもっているのが、損害賠償であり、示談です。それだからこそ、**遺族のことを最優先に考えて誠実に対応することが求められるのです。**

　「示談の交渉は、家族や遺族への被災連絡から始まっている」ともいわれています。最初の対応が、その後の示談交渉をスムーズに進めるのか、こじらしてしまうのかを決めるといってもいいでしょう。

　元請の立場としては、協力会社（雇用主）との役割分担を明確にし、連携を密にして示談交渉を進めることが大切です。

　さっそく死亡災害を例に、被災者遺族への連絡から示談書を締結するまでを時系列で見ていきましょう。

　一般的に、示談は次のような経過をたどって進展してゆきます。

①家族への連絡、挨拶 ➡ ②事前の準備 ➡ ③示談交渉 ➡ ④示談書の締結

　①の遺族への連絡、挨拶とは、突然の訃報に戸惑っている遺族にどのように対応するかということです。遺族の立場に立った対応が求められます。②の事前の

準備とは、示談の当事者として示談の交渉を始める前に準備しておくべきことで、示談金額の想定や労災保険の給付算定等非常に重要なことです。（Q24参照）③の示談交渉においては、示談金額の提示とその内容の説明、世間一般常識からいって妥当な金額であることの説明等が求められます。④の示談書の締結に際しては、示談書の内容を確認するとともに、印鑑証明書も忘れずに要請してください。

家族への連絡、挨拶

災害発生の第一報は、関係部署へ連絡するとともに、当然被災者の家族にも連絡します。家族への被災連絡から通夜・葬儀までの留意事項をまとめると次のようになります。

（1）家族への被災連絡

誰が連絡するかはケースバイケースですが、雇用主が行うのが一般的です。分かっている範囲でなるべく要領よく5W1Hで連絡してください。伝えるべき内容をメモしておくのも一つの方法です。

（2）交通、宿泊設備の確保、役割分担

被災者の家族（遺族）が遠方にいる場合もあります。

一刻も早く被災者に会ってもらうため、なるべく早い便を手配することが必要です。

また、宿泊施設を用意することも考慮すべきです。この場合、誰がどこまで迎えに行くのか、元請と専門会社で役割分担を決めて対応します。一般的には、雇用主が家族の状況も良く知っており、雇用主を中心に対応するのがよいでしょう。また、当座の交通費の立替金などの支給のため、現金を用意するのも忘れないようにしてください。

（3）災害発生状況の説明

家族が被災者を搬送した病院等に到着したら、挨拶をし、被災者の容体等の説明をします。詳しい説明は、医者の守秘義務があるので、担当医から家族に伝えることになります。落ち着いたら、災害発生状況についても説明しなければなりません。

災害発生状況の詳細については、可能な限り早期に把握し家族に説明するよう努めるべきですが、事故発生直後ですと、災害発生の全容は明らかにはなっていないものと思われます。詳細が不明な状況の中で家族に不確定な事実を伝え、後から説明が変わってしまうと、家族の不信感を増長させ示談交

渉が困難になってしまうこともあり得ますので、このようなことは避けなければなりません。その時点で確実に間違いが無いと判明している事実を伝えることにし、「関係各所と連携し、できる限り早期に詳細を把握するよう努めます」と言い添えておくのがよいでしょう。

（４）葬祭場の手配等

　不幸にして亡くなった場合は、葬儀の準備をしなければなりません。会社を中心に葬儀をするのか、遺族にまかせるのかで対応は異なりますが、会社が中心となって葬儀を執り行う場合は、次の項目について遺族の意向を確認します。

　〇宗教、〇葬儀の場所と日程（遠方の場合はどこで荼毘に付すのか・遺体を搬送するのか）、〇葬儀の規模、〇手伝いの有無、〇喪主、〇弔辞、〇費用の負担等

（５）通夜、葬儀への参列（弔電、生花、香典）

　遺族や親戚は、葬儀に参列する会社側の人達を加害者の集団だと感じていることも考えられます。友人や知人の葬儀に参列する場合とは、意味合いが異なるということを認識し、立ち居振舞いになどにも遺漏のないよう注意することが必要です。お悔やみは、長々と余事をはさむ必要はありませんが、「このたびはどうも」だけで、後は口のなかで濁してしまうのはマナー違反です。また、「重々お察し」「返す返すも残念」「誠に誠にご愁傷」などの重ね言葉は避けるのが作法です。

　参列者や弔電、花輪・生花、香典については、元請と専門会社は事前に相談しバランスをとっておくことにも留意すべきです。

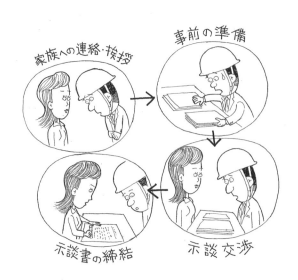

Q 16 交渉のタイミングはいつがいいのでしょうか。

A 被災者が死亡してしまった事案であったとしても、示談の時期は必ずしも四十九日の法要後とは限りません。遺族や被災者・家族の感情と官公庁の指導要綱など総合判断して交渉を始めなくてはいけません。

慎重な切り出し方が必要

　被災者が死亡した事案における示談交渉の開始時期は四十九日の法要が過ぎてからといわれますが、現在では必ずしも四十九日以降にこだわらなくなってきています。むしろ、示談交渉の当事者としては早期解決にこしたことはありません。

　また、交渉開始時期が遅くなると、被災者側から法外な金額が提示されることも少なくないようです。通夜・葬儀・告別式での遺族の様子を見ながら、その終了後（最近では葬儀当日に初七日を終らせる場合も）を示談交渉の端緒にしてもかまわないでしょう。ただし、遺族への切り出し方は意外と難しく慎重に話す必要があります。遺族の気持ちを逆撫でするような切り出し方は好ましくありません。

　例えば、通夜の後であれば、「早速で申し訳ありませんが、労災保険の手続などを早く進めていきたいと思いますので、葬儀（告別式）が終りましたらお打合せする日を決めさせていただきたいのですが…」という切り出し方もあります。交渉の相手は通常は喪主です。

　しかし、喪主に直接話すのが難しそうであれば遺族のお子さん（成人）や本家筋などを介して喪主への取次ぎをお願いするのも一方法です。いずれにしても、誠実な気持ちで交渉に臨むことが重要です。

指名停止を避ける意味も

　示談の遅れは法外な金額の提示で話がこじれるとともに、最後は裁判沙汰にな

ることもあります。そうなると予想以上の費用や時間がかかります。

　もうひとつの理由として自治体の直轄工事ではなくても、自治体の行政区域内および自治体に隣接している現場で発生した労働災害でも発生後 90 日以内に示談が解決しないときは指名停止するケースがあるからです。つまり、３カ月以内に示談書ができあがっていることが必要になります。

　そうなると示談交渉の早期開始が大事になってきます。自治体の指名停止基準に関して平素から調べておくことも必要です。

嘆願書の意味と書き方

　労働安全衛生法違反の疑いや刑法の業務上過失（致死または致死傷・致傷）罪の疑いがあれば実行行為者のほか法人（安衛法違反の場合のみ）を被疑者とするいわゆる被疑事件となる場合があります。

　このような場合に「**起訴猶予等正式な刑事裁判までは行わない寛大な処分（刑事訴訟法 248 条）**」を求めるため、遺族などが被害感情の宥和を表す嘆願書を検察官や裁判官に申し入れる書面があり、一般的に「嘆願書」といいます。実務的には労働基準監督署長・警察署長などに示談書に添付して提出することもあります。

　この嘆願書は被災者や遺族へお願いしますが、被災者や遺族において書き方が分からない場合は、嘆願書案を示します。そのときは、丁重にお願いすることが大事です。

　嘆願は必ず嘆願書の形でということではなく、手紙やはがきでも遺族などの感情が明白であれば、それを添付ないし後日労働基準監督署や警察署に提出するのでもよいでしょう。

　なお、**嘆願書を提出すれば必ず起訴猶予等の正式な刑事裁判にならずに済むわけではありません。誤解しないようにしてください。ただ、刑事処分の選択が微妙な場合には、嘆願書が有利な情状として意味を持ちますし、正式な刑事裁判を受けた場合でも、嘆願書があれば有利な情状となり、量刑を軽くする上で重要な役割をもつといえます。**

　最近では示談書に遺族などから告訴・告発をしない旨の条項を加えることも増えてきています。嘆願書や示談書に加える文言の一例を示しておきます。

嘆願書文章例

令和○○年○月○日

○ ○ 警 察 署 長 殿

遺族側住所
被災者との続柄

遺族氏名　　　　　　㊞

嘆　願　書

　令和○○年○月○日○○建設株式会社○○作業所において夫である○○○○が作業中に死亡した件につきましては、○○建設（株）の皆様には誠意ある対応により令和○○年○○月○日に円満に示談が相済みました。私ども遺族は関係者のご努力に大変感謝いたしております。

　また、労災保険につきましても令和○○年○月○○日付けで、○○労働基準監督署の速やかな手続により遺族補償年金の支給決定の通知をいただいております。

　ところで、この災害につきまして関係官庁でまだ調査中であると聞き及んでおりますが、上記のとおり満足のいく和解でもあり、二度と同じような災害を起こさないという決意が伝わってきております。

　貴署では○○建設（株）の社員をはじめお呼びになっている方々がいるとのお話を伺っております。示談も円満に解決した現在、○○建設（株）およびその関係者をとがめる気持ちは全くございません。

　つきましては、この方々へは何卒ご寛大なご処分をされますよう、ここに嘆願書を以って申し上げます。

以上

示談書記載例

第○○条　甲（示談書の当事者となる被災者側遺族）は乙（示談書の当事者側
　　　　となる建設会社）に対して、本示談書の締結により、乙を加害者とす
　　　　る刑事告訴・告発等を行わないことを確約した。

Q17 被災者が死亡した場合は、示談の相手は誰になるのでしょうか。

A ケガの場合は、被災者本人です。被災者が死亡した場合は、通常は被災者の相続人です。

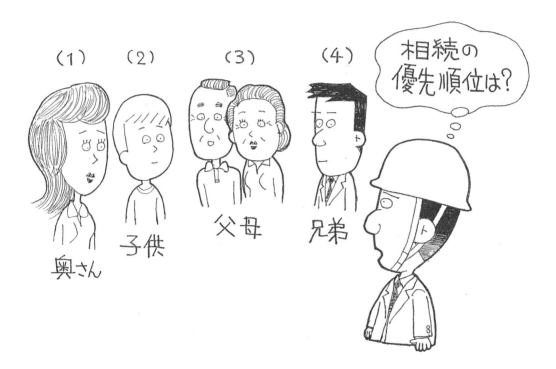

（1）奥さん （2）子供 （3）父母 （4）兄弟　相続の優先順位は？

示談の相手は誰になるのか？

　いざ、示談を始めようとする時、その交渉相手は誰になるのでしょうか。ケガの場合は、原則として被災者本人ですが、死亡災害の場合は、被災者から相続によって損害賠償請求権を取得した者（すなわち示談の当事者）は、一人ではないことの方が多いと思われます。「内縁の妻がいる」、「先妻の子がいる」、「音信不通の関係者がいる」といった遺族関係が複雑なケースもままあります。そういったケースでは、遺族が内輪もめをしたり、示談後に関係者が出てくる可能性があったり、示談が長引いたり、こじれたりする原因にもなりかねません。死亡災害の示談の交渉相手や当事者を特定する際には十分な注意が必要です。

遺族関係を調査し、当事者を確定する

　まず、遺族関係がどうなっているかを調査します。遺族の関係を調査するために除籍謄本などを取り寄せますが、この場合、除籍謄本だけでなく、出生から死亡までが記載された被災者の改製原戸籍が必要となることに注意してください（除籍謄本では過去の離婚歴や養子縁組等が記載されていないことがあるためです）。

　そして、被災者を中心に取り寄せた謄本等をもとに、遺族の関係を図示した遺族一覧表を作成します。図の中には生死、遺族の名前、生年月日を記入します。この遺族一覧表は、労災保険の一時金・年金の受給資格者、受給権者を確定する際にも利用できます。

　次に相続人の特定です。被災者の損害賠償請求権は被災者の死亡により相続人に相続されることになりますので、相続人が示談当事者となります。**相続人は民法の規定により、**

　（１）**配偶者は常に相続人**

　（２）**第１順位の相続人は子（子が死亡している場合は代襲相続の孫）**

　（３）**第２順位の相続人は父母（両親が死亡している場合は祖父母）**

　（４）**第３順位の相続人は兄弟姉妹（（１）～（３）までの該当者がいない場合に限り相続人になる。また代襲相続の甥、姪も対象となる）**

とされています。例えば、図のＡ～Ｆまでの遺族がいたとすると、相続人は、配

遺族一覧表

偶者（A）と長男、長女（B）になります。

　ただし、配偶者・父母・子は、被災者本人の損害賠償請求権を相続によって取得する可能性があるだけではなく、その固有の立場での慰謝料請求権（例えば、被災者の死亡により、母という立場にあることで被った精神的苦痛に対する慰謝料）を有しています。そのため、例えば被災者に子および配偶者がいて、その父母が相続人にはならなくても、示談当事者に加えた方がよいでしょう。

　また、**内縁の妻の場合は、一般的に相続人にはならないといわれていますが、内縁の妻にも固有の損害賠償請求権や生活費の補償等は認められていますので、示談の当事者には加えるべきでしょう。**なお、労災保険では、内縁の妻は受給権者になることができますので注意してください。

　先妻の子供がいる場合はどうなるのでしょうか。この場合、実子との間に生計維持関係がなかったとしても、実子は相続人にはなりますので、示談の当事者に加える必要があります。面倒なのは、「実子と連絡がつかない」場合です。連絡をつけるよう最善をつくしても連絡が得られない場合には、仕方ないので示談書に「後日甲側（配偶者）関係者より異議の申し出、請求があった場合においては甲側の責任と負担をもって解決し、乙側（元請等）ならびに工事関係者に対して一切迷惑及び負担をかけないことを確約する」と記載し、一応の歯止めとするのがよいでしょう。

　この他複雑な家族関係は多々あるかと思われます。いずれの場合も、後日に禍根を残さないためにも、示談に際しては遺族関係をよく調査し、関係者はできるだけ当事者に加えるように努力すべきでしょう。

会社側の示談金を決めるのに、弁護士の力を借りるほうがよいですか。

 社内の関係者に示談金の提示額を了承してもらうのに、弁護士の力を活用するべきです。

担当部門で示談の金額に対する考え方が違う

示談の金額には、これが絶対というものはありません。

支払い側は、できれば支払い金額を抑えたいでしょうし、逆に被災者である受け取り側は、できるだけ多いほうがいいでしょうから。

しかし、これは支払い側、被災者側という当事者に限ったことではなく、支払い者側の中でも、立場により支払金に対する考え方に温度差が出てきます。

同じ会社の中といっても、安全部のように示談を直接担当する部門とそれ以外の部門（支払金を原価管理している部門など）とでは、当然考える内容も違ってくるわけです。

妥結点となる金額がある

支払いの交渉に当たっていると、「これで納得してもらえる」という金額が出てくるものです。

その金額を、社内で了解してもらわなければ、それ以上の交渉に当たれません。

こういう時に弁護士の力を借りることをお勧めいたします。

「顧問弁護士に相談したところ、『今回の事案では○○○万円以内の金額で示談できればよいでしょう』という示唆を受けました」といえば関係者も納得しやすいものです。

労災給付は弁護士によく説明しておく

弁護士で労災保険法に精通している人はあまりいません。

特に社会復帰促進等事業として給付される被災労働者が受ける労災就学援護費などは、知られていないようです。

このため弁護士にあらかじめ労災からの給付を計算して示すことも大切です。

Q19 被災者は 14 級の障害と認定されました。本人から何も要求がありません。そのままにしておいてよいでしょうか。

示談しておくほうが、将来安心ですが、災害の内容によってはそのままにしておくのも、一つの選択です。

いろいろなケースがある

　被災者は、労災で 14 級の障害と認定されたのですから、労災保険から障害補償一時金、障害特別支給金、障害特別一時金を受給することになります。

　労災給付が決定した後、被災者から損害賠償の要求が無いのは、次のケースが考えられます。

　（1）災害の原因が、被災者の重大なルール違反、不安全行為などであった場合

　（2）被災者が障害 14 級程度では、損害賠償を申し出るのは、難しいのではないかと考えている場合

　（3）将来、障害等級が進むのではないかなどを考えて、様子を見ている場合

災害のケースで対応も変わる

　これらのケースでは、それぞれ対応も違ってきます。

　まず（1）の「災害の原因が、被災者の重大なルール違反、不安全行為などであった場合」です。

　この場合は、被災者も災害の原因は自分にあると考えているでしょうから、そのままにしておいて、様子を見るほうがよいでしょう。

　次に（2）の「被災者が障害 14 級程度では、損害賠償を申し出るのは、難しいのではないかと考えている場合」です。この場合は、災害の原因が、被災者側にあったのか、それとも会社側にあったのかによって、対応を分けて考えたほうがよいでしょう。

　被災者の重大なルール違反など、被災者側に災害の原因があった場合には、そのままにして、様子を見るほうがよいでしょう。

　　災害の原因が、会社側にあった場合には、被災者の考えているところを聞きだした上で、損害賠償をしておくのも、一つの方法です。

　　（３）の「障害等級が進むのではないかなどを考えて、様子を見ている場合」については、そのまま放置しておくことがいいようです。

　　このケースの被災者は、時期が来れば損害賠償を請求してくることが多いものです。請求を受けてから対応すればよいでしょう。

労災上積補償保険は

　　このほか考慮しておく必要があるのは、元請、JV や協力会社が付保している労災上積保険などの給付対象となっているかどうかということです。これらの保険の対象となっており、保険からの支給金額内で補償ができるのであれば、会社側に災害の原因があるものについては、示談しておくのがよいでしょう。

　　特に、土地の工作物の瑕疵による労働災害については、会社側に災害の原因があることになりますので、たとえ14級という障害等級としては軽いものであっても、示談をしておくほうがよいでしょう。

協力会社の意向は

　　被災者の雇用主であり、被災者と最も関係が深い協力会社が、「損害賠償をすることについて、どのように考えているのか」ということも、損害賠償をする・しないを判断するときの大きな要素になります。

　　被災者が、協力会社としては欠かすことのできない人材であるとか、これまでの貢献が大きかった、とかいう場合には損害賠償を支払うこととし、示談をするべきです。

　　また、被災者が、これまでどちらかといえば、協力会社に迷惑をかけてきたことが多い、というような場合は、被災者からの要求があるまで放置することも考えてよいでしょう。

損害賠償には消滅時効がある

　　なお、損害賠償については消滅時効があり、Q１（13ページ）で詳しく解説しています。これらの消滅時効についても考えておく必要があり、消滅時効期間を経過しても被災者から何らの請求も無い場合には、時効援用通知（時効の効果を享受する旨の意思の表示）を被災者に対して送付することも検討すべきでしょう。

Q20 示談に入る前にどのような準備をしておけばよいので
しょうか。

A 損害賠償額の目安をたてておくことが大切です。

　示談交渉に入る前に、安全担当者としてどのような準備をしておけばよいので
しょうか。実施すべき項目については、次ページの一覧表のとおりですが、この
なかで一番頭を悩ますのが、示談金額をどのように算定し提示するかでしょう。
示談は、当事者双方が納得すれば成立する和解契約ですが、それだからといって、
示談額を単なる感覚で算定する訳にはいきません。

　損害賠償額の算定方法については、何通りかの方法があり、どの方法が正しいと
いうことはありませんが、方法によっては示談金額に数千万円の差がつくことも
あります。相手方から「どうしてこの金額になったのか」「金額が低過ぎるのでは
ないか」と言われたときには理論的に筋の通った説明が必要です。

　示談金額の算定に当たって、もう一つ重要なことは労災上積保険の保険金額の確
認です。保険会社には早めに連絡し、元請や重層関係にある協力会社が加入して
いる保険から給付可能な金額を頭に入れておいてください。保険金額の範囲内で
示談が成立することも多々あることです。

　また、示談交渉の際には、労災保険や国民年金・厚生年金からどのような条件で、
どのくらいの金額が給付されるのかを説明することが求められます。労災保険の
遺族年金、遺族一時金や国民年金・厚生年金からの給付の仕組みを理解し、はっ
きりと説明できるようにしておきましょう。

　これらが一段落したら、示談の提示金額について経営幹部に説明し了解を得ま
す。自身が示談交渉窓口になっているのであれば、示談当事者として与えられた
権限（いくらまでなら示談をしてもいいのか、どのような条項であれば示談書に
含まれていていいのかなど）も経営幹部に確認しておいてください。

　示談は交渉ごとです。お互いが納得する示談をするためには、信頼関係が重要に
なります。**労災保険の給付手続や給付金額の説明等について相手の立場に立って
対応することが重要です。**

示談にあたって準備する事項

項　目	実施事項、留意事項
被災者の身分関係、業務上外の確認	被災者の労働者性や業務上か否かの確認をする。併せて、当該災害が元請事業の一括の範囲内の災害かを確認する。 （一般的には現場での災害は元請労災を適用するが、疑義がある場合は調査する）
家族関係の確認	家族関係を戸籍謄本などで調査し、労災保険の受給権者、受給資格者の特定をする。民法の相続権者は、代襲相続等があるので、労災保険の受給権者、受給資格者とは一致しない場合がある。一覧表を作成すると便利である。
労災保険、厚生年金・国民年金の給付額算定、給付手続	厚生年金・国民年金加入の有無を調査する。平均賃金を算定し、労災保険の遺族年金、遺族一時金を算定する。労災保険と厚生年金・国民年金との調整にも注意を要す。一時金の額あるいは、年金の場合の年金額、前払一時金制度などを遺族に説明できるように資料を作成する。また、労災保険給付手続の手伝いをする。
逸失利益、慰謝料等の算定、損害賠償額（示談金額）の算定	逸失利益、慰謝料、その他の経費を算定する。この場合、逸失利益を算定する際には、労災保険の控除方法、過失相殺の控除方法、生活費控除率をどの方法・割合にするのかを明らかにする。
過失相殺割合の検討	被災者に過失がある場合、損害賠償額を減額することができる。災害発生状況、労働基準監督署の見解等を考慮し、判例等を参考に過失の割合を算定する。
労災上積保険の確認	元請加入の労災上積保険（互助会等）の保険金額、雇用主等関係請負人が加入している労災上積保険の保険金額を確認し、保険から支給される金額の上限を確認しておく。 また、保険金支給申請に必要な書類についても確認しておく。
専門会社（雇用主、重層関係）との負担割合の検討	災害発生状況や専門会社負担能力その他の要素を勘案して、各社の負担割合を検討し、各社の了解を得る。
損害賠償額（示談金額）の決定	被災者の全損害額、労災上積金額の保険金額、過失相殺割合、専門会社の負担能力などを総合的に勘案して提示する示談金額を決定する。
社内の了解、JV各社の了解	以上の検討を踏まえて、示談金額の上限、元請負担額について経営幹部の了解を得る。併せて、JVの場合には、サブ各社の了解も得る。

被災者の意識が戻りませんが、その交渉相手はどうなるのでしょう。

 「後見人の選任」を行い、その後見人と交渉することが一般的です。

本人以外と示談できるのか

　労働災害の発生原因、態様には様々なケースがあるのと同じように、事故後の被災者の状態もいろいろなケースがあります。そして、中でも一番困ってしまうのが、被災者の意識が戻らず本人と示談交渉ができない場合でしょう。

　示談というのは、原則としては本人との間で行うものであり、不幸にして被災者が亡くなってしまった場合には、被災者の相続人（等）との間で行うこととなるものです。したがって、例え意識が戻らない状態であったとしても、被災者が存命中である限り本人と示談しなければ意味がありません。社内の事情、指名停止を恐れてなど理由はいろいろとあるかと思いますが、示談というものは早期にしなければならないと思い込み、被災者の関係者（多くの場合は配偶者と思われます）との間で、その人を被災者の代理人であるとして示談交渉をしてしまうといったケースもあるのではないでしょうか。

　しかしながら、このように被災者が存命であるにもかかわらず、その承諾を得ずに、他の人間をその被災者の代理人であるとして示談を行うと、法律的には「無権代理行為」ということになり、本人に対し効力を生じません。その示談を行った人は、本人から示談を行うことを委任されていない、代理権を授与されていない（すなわち無権代理の状態）にもかかわらず勝手に示談をしてしまったということになるわけで、被災者本人からすれば、「自分の知らないところで示談をしたからって言われたって、そんなものは知らないよ」と考えるのが普通でしょうし、仮にもし、自分が頼んでもいない人が勝手に示談をしたことを理由として「いまさら何を言われても対応できませんよ。もう終わった話です」と元請や雇用主に言われたところで納得する人はいないことからしても、そのような示談に効力なしと考えるのは当然であるといえましょう。そして、その理は、被災者の意識が戻らない状態であったとしても変わりありません。

被災者が意識を回復したら

　民法113条1項は無権代理について次のように規定しています。「代理権を有しない者が他人の代理人としてした契約は、本人がその追認をしなければ、本人に対してその効力を生じない」。この条文によれば、無権代理行為は、原則としては本人に対して効力を生じない一方で、その被代理者本人が後日その内容を認める意思表示をした場合には（これを追認といいます）、その内容が（示談締結の時にさかのぼって）有効と扱われることになります。したがって、被災者が意識不明の状態である間に被災者の関係者を被災者の代理人として締結した示談であっても、被災者本人がその後意識を回復し、その示談の内容を追認した場合には、その示談は有効となります。

　しかし、被災者がその示談の内容を追認しなかった場合はどうなるでしょう。そのような場合、示談は無効ということになり、改めて被災者との間で示談を締結しなければなりません。そして、損害賠償金を既に支払っていた場合においては、それを回収しなければならなくなり（被災者ではない者に支払った金銭が既に費消されてしまっていた場合には、そもそも回収が困難になり、場合によっては被災者に対して二重払いが必要な事態にもなりかねません）、無駄な労力が必要となります。そのようなことを考えれば、示談を急ぐあまり、勝手に被災者の関係者を被災者の代理人であるとして示談をすることはリスクが高く、やるべきではないということはご理解いただけることと思います。

後見人の選任を

　では、このようなケースではどのように対処すべきなのでしょう。個別の事情によって状況は違いますので「これが正解」というのはありませんが、一番典型的なのは「後見人の選任」を行うことと思われます。民法は「精神上の障害により事理を弁識する能力を欠く常況にある者については、家庭裁判所は、本人、配偶者、四親等内の親族（以下略）の請求により後見開始の審判をすることができる」（7条）、「後見開始の審判を受けた者は、成年被後見人とし、これに成年後見人を付する」（8条）と規定していますので、この規定に則り、設問の事例のように被災者の意識が戻らないことから示談交渉ができないケースにおいては、**申立て権者から家庭裁判所に対し、被災者に後見開始の審判および後見人選任の手続の申立てをしてもらい、選任された後見人との間で示談を締結するという手順を踏むことがよいでしょう。**

　家庭裁判所で選任された後見人は法定代理人であると考えられており、被後見

人の代理権を有しています。また、仮に被災者が意識を回復したとしても、後見人が行った示談の効力は失われません。なお、実際のケースにおいては、配偶者等被災者の身近な人物を予め後見人の候補者としたうえで家庭裁判所に審判の申出をすることも行われているようです。

手続は慎重に

　こういった手続は、顧問弁護士などの専門家に相談したうえで事を進めていくべきであると思います。念をいれて後見人の選任を行うことにしたにもかかわらず、何らかの手違いがあって、後見人選任行為自体が無効、もしくは選任手続に膨大な時間を要することになってしまっては元も子もありません。多少時間はかかるかもしれませんが、手続を確認しながら慎重に対応していくべきです。

22 被災者の遺族関係がはっきりしない状況で、示談を進めるにはどうしたらいいでしょうか。

 A 後から、相続人などの損害賠償を必要とする人が現れたときに、示談相手の遺族が対応することを承諾してくれるかどうかがポイントです。

　営業上の関係で、示談をどうしても早くまとめなければならないことがあります。このような事態になったときは、通常の手続きで示談の手続を進めることはできません。非常時には、非常時のやり方があります。

将来発生するリスクを避ける

　１つには、**示談の相手がどの程度明確になっているか**、ということです。建設業の死亡災害の事例では、遺族関係が簡単に掴めないことが多いものです。

　示談を急ぐ場合は、示談の時点で、把握できている遺族を相手にして示談をすることになります。このことは、被災者の遺族側にはっきりと伝えておかなければなりません。

　また、次の１条項を示談書に入れることを、遺族側が承諾してくれるかどうかが重要なポイントとなります。

　「将来、新たに被災者の遺族が現れ、本件事故ならびに本示談に関し、異議申立て、請求等があった場合には、甲（被災者の遺族）側の対応ですべて負担・解決し、乙（支払い側）および本工事の発注者、その他工事関係者に対し一切迷惑、負担をかけない」という条項です。

　この条項を甲（被災者の遺族）側に認めてもらうのには、相当な努力が必要です。

　しかし、乙（支払い側）にとっては、今後さらに支払いが発生するという事態を避けるため、この条項だけは、入れておきたいものです。

示談の金額は高めになる

　２つには、**示談金額のことです。示談金額は、次の２つの点から高額になるケースが多いと思われます。**

　（１）示談を早くまとめるため（特に、相手方が時間をかけてでも納得のいく金

額が欲しいと思っている被災者である場合）には、その分、事業主側が譲歩を
して相手の要求に近い金額を提示しないと、被災者側も歩み寄ってくれないの
が通常です。

（２）被災者の遺族側も、「将来、新しい遺族が出てきたときは、遺族側で対応
する旨の条項つきで示談をする場合」には、自ら、その新しい遺族との対応に
迫られるというリスクを負うことになりますので、それを見越して高額な金額
を請求するのが通常です。

JV 施工の場合は、よく事前説明を

JV 施工の場合は、事前に構成会社の了解をとっておかないと、後になって、
面倒なことになります。特に金額面と将来、新しい遺族が出てきた場合の対応に
ついては、十分詰めておかねばなりません。

後になって、トラブルが発生しないように、細心の注意が必要です。

23 　鉄筋が落ちてきて下にいた型枠大工の頭に当たり負傷してしまいました。調べたら16歳の少年で、中学校を卒業したばかりです。本人から示談をしたいと言われたのですが、未成年者を示談の当事者にしても問題はないでしょうか。

　「未成年者と直接の示談契約は親がいつでも取り消せること（結婚していれば有効です）」および「未成年者と直接示談をしないで両親などの法定代理人を加えて交渉をすること」などを考えておくことが大切です。

未成年者との示談はいつでも取り消される

　民法では未成年とは満20歳に満たない者をいいます（4条）。

　民法は5条1項で「未成年者が法律行為（契約の当事者になるなどの行為を言います）をするには、その法定代理人の同意を得なければならない」と規定しています。同条2項で「前項の規定に反する法律行為は取り消すことができる」としています。つまり、**未成年との契約は法定代理人の同意がない場合はいつでも取り消すことができる**ということになります。その理由は大人と違って契約の意味や知識なども十分に持ち合わせているとはいえず、十分な判断能力がないというところにあります。

　満20歳以上となったときには、未成年時に法定代理人の同意を得ないで締結した示談契約を取り消すこともできます。

　なお、民法改正により2022年（令和4年）4月1日から成人年齢が18歳に引き下げられることになりましたので、注意が必要です。

示談の当事者は両親とするのが原則

　民法は「成年に達しない子は、父母の親権に服する」（818条1項）としており、したがって、当該未成年者の両親の婚姻関係が継続している場合には、法定

代理人は両親ということになります。未成年者自身が行った示談に法定代理人が同意する場合もありますが、法定代理人は「代理人」ですから、両親を相手方として示談交渉を進めることの方が多いように思います。両親のあずかり知らぬところで未成年者と示談を進めるということ自体が、両親の不信感を招いて同意を得づらくなり、結局両親と再度交渉をすることが必要になる事態も十分に考えられるからです。なお、両親が離婚している場合やその一方と死別している場合などは、親権者である父母のいずれかの同意を得る、またはいずれかを相手方として交渉をすることになります。

両親の同意は書面によること

両親の同意は口頭でも差し支えありませんが、後日の紛争などを防ぐためには書面によることが必要です。記載例（89 ページ）に法定代理人が示談契約の当事者となる作成例がありますが、ここでは同意書の参考例を示しておきます。

法定代理人であることの確認方法

未成年者の親権を有する両親であることを確認するということは法定代理人であることを確認することと同義です。したがって、戸籍謄本や住民票などを提出させて法定代理人であることを確認したうえで、念のため本人確認のために免許証等の顔写真付き身分証の提示を求めたうえで示談を進めるべきでしょう。

成人と偽って示談をした場合はどうなるか

被災者が未成年であるにもかかわらず成人であるとして、両親の同意を得ないで示談を取り交わした場合ですが、この場合は取り消しができません（民法 21 条）。「両親の同意があった」と詐術して示談を交わした場合も同様です。

もっとも、いずれにせよ、示談を締結してから被災者の本当の年齢が判明することは好ましくありません。作業員名簿や新規入場時などの時点で確認することが必要です。

同意する両親がいない場合

両親が亡くなっていた場合、未成年者に対して親権を行使する人がいなくなってしまいます。その場合には、未成年後見人を選任してもらうことになります。未成年後見人とは、親権者がいない場合に未成年に対して親権を行う人のことです（民法 838 条 1 号、839 条）。一般的には祖父母、叔父叔母など親族が後見

人になっています。この未成年後見人は未成年者の親族、その他の利害関係人、それに、申立当時、未成年者が 15 歳になっていれば、未成年者本人も申立をすることができます。申し立てる場所は、未成年者の住所地の家庭裁判所です（民法 840 条以下）。

同 意 書

○○○○株式会社
取締役社長　　○○○○　　殿

被災者　山田　太郎
法定代理人（親権者）
　住所
　　○○○○　　㊞
法定代理人（親権者）
　住所
　　○○○○　　㊞

　山田太郎が令和○○年○月○日に○○工事で被災した災害について下記の条件で貴社との間で示談契約を令和○○年○月○○日に締結することに同意します。

記

１．示談金額　　　　○○○万円也
　　但し、労災保険からの給付を除く
２．示談契約締結日　令和○○年○月○日
３．示談金の支払い方法は振込みとする。

以上

Q24　遺族から労災給付を説明してと言われましたが、分かりやすい説明の仕方はありますか。

A　労災給付の内容をよく理解し、実際にいくらくらい支給されるのかを説明してください。

示談と労災保険給付

　示談の場合は、労災保険の給付を前提として、損害賠償額を提示するのが一般的です。被災者あるいは遺族にとっては、損害賠償額そのものもそうですが、労災保険からどのような性格の給付がいつまで、どの位支給されるかも、重大な関心事です。総額を知らなければ、示談も成り立ちません。

　示談の担当者としては、労災給付について正確な知識を習得しておく必要があります。

遺族補償年金

　死亡災害の場合は、労災保険から遺族補償給付（通勤災害の場合は遺族給付、以下同じ）が支給されます。遺族補償給付には、遺族補償年金と遺族補償一時金とがあり、労働者の死亡当時の生計維持関係、死亡労働者との続柄、遺族の年齢等によって異なってきます。

　遺族補償年金の受給権者は、労働者の死亡の当時その収入によって生計を維持していた遺族であり、次のとおり、妻以外の遺族にあっては一定の年齢または障害の状態にある者のみが該当します。遺族補償年金は、すべての受給資格者に支給されるのではなく、受給資格者のうち最先順位の者（受給権者）に支給されます。

遺族補償年金の受給資格者

1. 妻または60歳以上もしくは一定障害の夫
2. 18歳に達する日以後の最初の3月31日までの間にある子または一定障害の子
3. 60歳以上または一定障害の父母
4. 18歳に達する日以後の最初の3月31日までの間にある孫または一定障害の孫
5. 60歳以上または一定障害の祖父母
6. 18歳に達する日以後の最初の3月31日までの間にある兄弟姉妹もしくは60歳以上または一定障害の兄弟姉妹
7. 55歳以上60歳未満の夫
8. 55歳以上60歳未満の父母
9. 55歳以上60歳未満の祖父母
10. 55歳以上60歳未満の兄弟姉妹

また、遺族補償年金の額は、遺族の数等に応じ、次のとおりになっています。

遺族の人数		遺族補償年金（給付基礎日額の）
1人	a．次のb以外の場合	153日分
	b．遺族が55歳以上の妻、または廃疾の妻	175日分
2人		201日分
3人		223日分
4人		245日分

遺族補償年金は、遺族の年齢等により、受け取る年金額が変化します。

例えば、被災者（昭和54年1月1日生：42歳）は、令和3年1月10日に死亡し、遺族として、配偶者（昭和59年1月1日生：37歳）、長男（平成16年1月1日生：17歳）、長女（平成19年1月1日生：14歳）がおり、すべて被災者と生計維持関係にあったとします。この場合、遺族補償年金の受給資格者は受給当時は3人となり、年金は、給付基礎日額の223日分が支給されます。次に、長男が18歳に達する日以後の最初の3月31日が過ぎた時点で、長男は受

給資格を失い、受給資格者は配偶者と長女の２人となり、年金は、給付基礎日額の201日分となります。給付基礎日額を１万円と仮定すると、以下次ページ表のように変化していきます。

　もちろん、年金給付基礎日額は、スライド制により額が変更することがありますので、必ずしも正確な数値を教えることはできませんが、現時点で推定できるほぼ正確な数値として教えることができます。

　また、年金は年６回に分け、偶数月に給付されることも忘れないでください。

前払一時金

　遺族補償年金は、毎年各支払期日ごとに支給されるのが原則ですが、遺族が希望すれば給付基礎日額の200日分、400日分、600日分、800日分、1000日分に相当する額が前払一時金として支給される前払一時金制度が設けられています。前払一時金が支給された場合は、前払一時金相当額に達するまでの間、年金の支給が停止されます。また、55歳以上60歳未満のため遺族（補償）年金が若年停止となっている場合でも遺族補償年金前払一時金の請求ができます。

遺族補償一時金

　遺族補償年金の受給資格者がいない場合には、一定の遺族に遺族補償一時金が支給されます。遺族補償一時金の額は、給付基礎日額の1000日分であり、遺族の代表者に支給されます。給付基礎日額は、平均賃金を基に算出されますので、説明も割合と簡単にできます。

遺族補償年金　支払予定試算表　（給付基礎日額を１万円とした場合）

年　月	資格者	人数	給付日数	給付額	給付期間	給付額計
令和３年２月 〜 令和４年３月	配偶者（37歳） ＋長男（17歳） ＋長女（14歳）	3人	223日	2,230,000	1年2カ月	2,601,666
令和４年４月 〜 令和７年３月	配偶者（38歳） ＋長女（15歳）	2人	201日	2,010,000	3年0カ月	6,030,000
令和７年４月 〜 令和20年12月	配偶者（41歳）	1人	153日	1,530,000	13年9カ月	21,037,500
令和21年1月 〜	配偶者（55歳）	1人	175日	1,750,000	死亡・婚姻等 により配偶者 の受給権が失 権するまで	

（注）１．給付基礎日額 10,000 円の場合。
　　　２．スライド制による年金給付基礎日額の変更は考慮していません。したがって、将来の年金額は変動します。

遺族補償年金　支払変動表

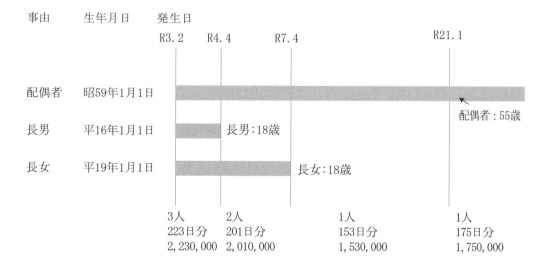

25 示談書にはどのような項目を入れればよいのですか。示談書の具体的な書き方を教えてください。

示談書の項目には、当事者、示談の金額等、漏らすことができないものがあります。

　示談書の作成にあたっては、次にあげる事項に留意し、それを記載しておく必要があります。なお、以下では示談の被災者側当事者をA、元請会社をX、協力会社でありAの雇用者である会社をYと表示します。Aは被災者本人となりますが、死亡災害の場合にはAに代わってAの相続人が示談締結の当事者となりますので、複数であることもあり得ます。

当事者の表示を明確に

　誰と誰の間で示談がなされたのかを明らかにするために当事者の表示は当然必要です。被災者などの当事者本人ではなく、代理人（法定・任意の双方とも）との間で交渉を行い、示談に至った場合には「被災者○○（被災者氏名）代理人○○（代理人氏名）」等の表示が必要になります。

事故内容は詳細に書く

　いつ、どのようにして起きた事故で、被災者は誰なのか、事故の内容を分かるように記載します。

　事故発生年月日だけではなく、時間、場所（○○建築工事現場というように）、どこの作業箇所で、どのような態様で起きた事故なのか（転落して、転倒してなど）を記載しておけばよいと思われます。

　また、3者以上の間で示談するのであれば、示談当事者同士の関係も分かるようにしておきます（例えば、示談書の冒頭部分などに「X、Y、Aの立場については、X：元請会社、Y：Xの協力会社かつAの雇用主、A：Yの被用者である」などと記載しておくことが考えられます）。

　そして、被災者の負った症状の程度がどのようなものなのかを記載し、示談締結時に至るまでの治療の過程（入・通院した期間など）および症状固定の時期や障害などの級の程度なども明記すべきです。

示談金の内訳は記載しない

　示談金をいくら支払うのかを記載する場合、「慰謝料分として」、「逸失利益分として」等金額の内訳は記載せず、一括して「一切の示談金として金○○○円」と表現するのが通常で、「慰謝料を含む一切の金員として」との記載がなされることもあります。

　示談金の表示で注意する点は、使用者側の過失、労働者の過失についても通常は記載しないということです（過失割合○○％を控除し、といった記載はしません）。

　労災保険法64条2項は、被災した労働者もしくは遺族が保険給付を受けるべきときに、同一の事由について損害賠償を受けたときは、一定の基準で労災保険給付をしないことができる旨定めています。

　そのため、示談金の中に労災保険分が含まれるのか、それとも労災保険の受給を前提とし、労災保険でカバーできない残余部分を示談するのかの記載が重要となります。

　通常の示談は労災保険金受給を前提として行われるのが一般的であり、そのことを明らかにするため「労災保険給付金のほか以下の金額を支払う」との文言を入れることが一般に行われています。

関係者が複数の場合

　誰が支払うのか、支払者の表示も重要です。支払者が2人以上のときには、それぞれが連帯して支払うのか（各々がその全額の支払義務を負い、債権者に対して支払いをした一方は、連帯債務者内部での負担割合に応じて他方の連帯債務者に対して請求できる）、それとも各々が分割して支払うのか（各々が債権者に対して分割された金額分の支払義務のみを負う）を明らかにします。

　一方、受領者が多数で（遺族が示談金を受領するようなケース）、各々の個別の金額が決まっていないようなこともあります。このような時には「示談金のAらにおける配分は、Aらの責任において行う」との文言を入れておいたほうがよいでしょう。

支払日はいつにするか

示談金を、いつまでに（○月○日限りと表現します）、どのような方法で（銀行振込など）支払うのかを記載します。なお、示談締結当日に支払者側で小切手を用意し「一切の示談金金○○○円を本日支払い、Ａ（等）はこれを受領した」として示談書を締結する例もあります。

ここが肝心！請求権放棄条項

請求権放棄条項は示談の中心的内容ですから、必ず記載すべきものです。まず、**当事者間に示談書の定めるもののほか、何らの債権債務のないことを確認し、さらに今後一切異議等を述べないことを相互に確認し合います。**

建設業の場合、発注者、その他関係者が多数ですから、当事者間だけでなくこれらの者との間でも何ら請求しないことを確約し合わなければなりません。一般的には「本件事故に関し、Ａ（等）はＸ、Ｙ、およびその従業員、発注者、その他工事関係者に対し一切の異議申立て、賠償その他の請求、訴えなどを行わないことを確約する」との文言を入れることが多いようです。

被災者側の関係者で示談に関与していない者が、示談成立後に損害賠償を求めることも考えられます。その場合に備え「万一将来、被災者と何らかの関係を有する者から、本件事故ならびに本示談に関し、異議申立て、請求等があった場合は、Ａ（等）の責任において解決し、Ｘ、Ｙ、およびその従業員、発注者、その他工事関係者に対し、一切迷惑・負担をかけないことを確約する」との文言を入れることもあります。

進行性・遅発性の職業性疾病（じん肺症等が考えられます）を原因とする和解の場合、通常現時点での病状を基礎として示談金の決定がなされます。

未治ゆの状態などの時点での和解もあり得ます。その際には、今後症状が固定した場合の障害等級などを合理的に予測して示談金算定の基礎とすることになります。

その場合、その後に病状が進行した（じん肺の例では管理区分がさらに上昇するといったケース）、もしくは障害等級が予測していたものよりも若干上位のもので決定したといった際には、被災者側から示談金の増額を言われないとも限りません。そのため「将来において（管理区分等）本和解の基礎になった事情に変更が生じたとしても、ＡはＸ、Ｙに対し何らの請求をしない」との文言を入れておくこともあります。

示　　談　　書（その１・死亡事例）

　被災者○○○○の妻○○を甲とし、長男○○（法定代理人親権者母○○）を乙とし、株式会社○○を丙とし、○○株式会社を丁とし、下記Ⅰの労働災害について、下記Ⅱの条項によって示談し、円満に解決した。

Ⅰ．労働災害（以下、本件事故という）の概要
　　災害発生日時　　令和○○年○月○日　　午後○時○○分頃
　　災害発生場所　　東京都港区○○　○○ビル建設工事（以下、本件工事という）現場内
　　災害発生状況　　丁が丙から請負い、被災者が丁の労働者として従事した８階鉄筋組立て作業現場において、被災者が作業中に20ｍつい落し死亡したもの

Ⅱ．示談内容
　１．丙と丁は連帯して甲と乙（以下、甲らという）に対し、本件事故につき慰謝料を含む一切の損害賠償金として、労働者災害補償保険法に基づく保険給付金のほか　金○○○○○○○○円を支払う。
　２．丙と丁は、前項の金員を令和○○年○月○日限り、以下の甲名義の銀行口座に振込送金する方法により支払うものとする。
　　　〔銀行口座の表示　　○○銀行○○支店　普通　口座番号　○○○○○
　　　口座名義人　　○○○○〕
　３．前２項に記載の示談金の甲らにおける配分は、甲らの責任において行うものとし、丙と丁はこれに何ら異議等を述べないものとする。
　４．甲、乙、丙および丁は、本示談書に定めるもののほか何らの債権債務の無いことを確認し、今後本件事故に関し、甲および乙は丙、丁およびその従業員、本件工事の発注者、その他工事関係者に対し一切の異議申立て、賠償その他の請求、訴え等を行わないことを確約する。
　５．万一将来、被災者、もしくは甲らと何らかの関係を有する者から、本件事故ならびに本示談に関し、異議申立て、請求等があった場合には、甲らの責任において解決し、甲らは丙、丁およびその従業員、本件工事の発注

者、その他工事関係者に対し一切迷惑・負担をかけないことを確約する。

本示談成立の証として本書４通を作成し、甲、乙、丙および丁がそれぞれ署名捺印のうえ、各自１通を保有する。

令和○○年○月○日

甲　　　住　所
　　　　氏　名　　　　　　　　　　　　　　　　㊞

乙　　　住　所
　　　　氏　名　　　　　　　　　　　　　　　　㊞

（乙法定代理人親権者）
　　　　母　　　　　　　　　　　　　　　　　　㊞

丙　　　住　所
　　　　氏　名　　　　　　　　　　　　　　　　㊞

丁　　　住　所
　　　　氏　名　　　　　　　　　　　　　　　　㊞

立会人　住　所
　　　　氏　名　　　　　　　　　　　　　　　　㊞

示　談　書（その２・障害事例）

　○○○○（以下、甲という）と株式会社○○（以下、乙という）と○○株式会社（以下、丙という）とは、下記Ⅰの労働災害について、下記Ⅱの条項によって示談し、円満に解決した。

Ⅰ．労働災害（以下、本件事故という）の概要
　　災害発生日時　　　令和○○年○月○日　　午後○時○○分頃
　　災害発生場所　　　東京都港区○○　　○○ビル建設工事（以下、本件工事という）現場内
　　災害発生状況　　　丙が乙から請負い、甲が丙の労働者として従事した３階天井部分のボード貼り作業現場において、甲が作業中に作業台より転落負傷したもの
　　被災者病状状況　　左足骨折、左腕脱臼により令和○○年○月○日から令和○○年○月○日まで入通院し、令和○○年○月○日に症状が固定、労働者災害補償保険法別表○級相当の後遺障害認定を受けている。

Ⅱ．示談内容
　　１．乙と丙は連帯して甲に対し、本件事故につき慰謝料を含む一切の損害賠償金として、労働者災害補償保険法に基づく保険給付金のほか金○○○○○○○○円を支払う。
　　２．乙と丙は、前項の金員を令和○○年○月○日限り下記、甲名義の銀行口座に振込送金する方法により支払うものとする。
　　〔銀行口座の表示　○○銀行○○支店　普通　口座番号　○○○○○〕
　　３．甲、乙、および丙は、本示談書に定めるもののほか何らの債権債務の無いことを確認し、今後本件事故に関し、甲は乙、丙、およびその従業員、本件工事の発注者、その他工事関係者に対し一切の異議申立て、賠償その他の請求、訴え等を行わないことを確約する。

　本示談成立の証として本書３通を作成し、甲、乙、および丙がそれぞれ署名
捺印のうえ、各自１通を保有する。

令和○○年○月○日

　　　　　　　　甲　　　住　所
　　　　　　　　　　　　氏　名　　　　　　　　　　　　　　　㊞

　　　　　　　　乙　　　住　所
　　　　　　　　　　　　氏　名　　　　　　　　　　　　　　　㊞

　　　　　　　　丙　　　住　所
　　　　　　　　　　　　氏　名　　　　　　　　　　　　　　　㊞

示　談　書
（進行性・遅発性の職業性疾病（じん肺）の事例）

　○○○○（以下、甲という）と株式会社○○（以下、乙という）とは、本日下記のとおり示談した。

1．甲は、乙が元請となって施工したずい道工事に就労したことによりじん肺に罹患し、令和○年○月○日付で○○労働局からじん肺管理区分３－イで「続発性気管支炎」の合併症併発にて療養を要すると決定を受け、現在、労働者災害補償保険法による保険給付を受けて療養していることを確認した。

2．乙は甲に対し、甲の前項の罹患の見舞金として、労働者災害補償保険法に基づく保険給付の他に金○○○○○○○○円を支払うことを約し、令和○○年○月○日限り、下記甲名義の銀行口座に振込送金する方法により支払うことを確約した。

　　　　〔銀行口座の表示　○○銀行○○支店　普通　口座番号　○○○○○〕

3．甲および乙は、前項の見舞金は、甲が給付を受ける労働者災害補償保険法に基づく保険金の受給について何ら影響のないことを相互に確認する。

4．甲は、将来において、じん肺法上の管理区分等本和解の基礎になった事情に変更が生じたとしても、本示談書に定める以外、乙に対して何らの請求をしないことを確約する。

5．甲および乙は、本示談書に定めるもののほか何らの債権債務の無いことを確認し、今後じん肺の罹患による損害などについて、乙および関係者に対し一切の異議申立て、賠償その他の請求、訴え等を行わないことを確約する。

6．当事者双方は、本示談の成立およびその内容について、一切他言しないことを確約する。

　本示談成立の証として本書２通を作成し、甲、乙それぞれ署名捺印のうえ、各自１通を保有する。

令和○○年○月○日

　　　　　　甲　住　　所
　　　　　　　　氏　　名　　　　　　　　　　　　　　㊞

　　　　　　乙　住　　所
　　　　　　　　氏　　名　　　　　　　　　　　　　　㊞

3 損害賠償額の算定方法

Q 26 逸失利益等の算定のもとになる所得はどのように計算したらよいですか。

A 一般的には、労働基準法等で用いられる平均賃金を算定し、年収を計算する方法が用いられています。

金銭による賠償

労働災害の被害は生命や身体に係わる被害なので、物品等のように代替品や原状回復等の回復が不可能なので、金銭による賠償になります。民法でも「損害賠償は、別段の意思表示がないときは、金銭をもってその額を定める」（417条）としています。

そして、**労働災害の場合、逸失利益（災害がなければ得られたであろう利益）を求める上でそれらの計算の根拠となるものは、すべてその人が実際に稼いでいた勤労所得によることになります。**

算定の根拠となる所得

勤労所得には、被災者の立場により、事業所得と給与所得がありますが、家賃収入や株の配当などの不労所得は対象になりません。

事業所得とは、農業、漁業、製造業、卸売業、小売業、サービス業その他の事業から生ずる所得であり、事業所得の金額は、その年中の事業所得に係る総収入金額から必要経費を控除した金額とする（所得税法27条）とされています。個人事業主、自営業者、自由業者（弁護士、著述業、プロスポーツ選手、ホステス等）が得る所得がこれに該当します。一方、給与所得とは、俸給、給料、賃金、歳費および賞与ならびにこれらの性質を有する給与に係る所得です。

建設業でいうと、事業主や一人親方が得ている所得が事業所得であり、現場監督や建設作業員などの労働者が給料や賞与などの名目で得ている所得が給与所得に該当します。

所得の算定方法

　以上述べてきたように、逸失利益の算定の基になる所得は、現実の所得を基本としながらも、場合によっては、賃金センサスの全年齢や年齢別の平均賃金を用いることになります（103ページ参照）。

　それでは、給与所得者の実際に得ていた所得はどのように算定するのでしょうか。給与所得者は、会社から賃金を得ているので、その人の年収を源泉徴収票で確認し算定する方法があります。また、労働災害の場合は、労災給付がありますので、平均賃金を365倍する方法もあります。この場合は、賞与等があればそれも加算して年収とします。

　　年収＝平均賃金×365日＋賞与等

　平均賃金は、過去3カ月間に支払われた賃金総額をその期間の総日数で除した金額で算定します。労働基準法により定められた解雇予告手当・休業手当・災害補償などの算定基準になるものです。

　建設業で、よく用いられているのが平均賃金を365倍する方法です。その理由は、

　（1）建設業においては、日給制などが多く源泉徴収票などの書類がない

　（2）労災保険の平均賃金は、公に認められており、労災保険の支給とも連動する

　（3）最低保証平均賃金も定められており公平性が保たれる

　（4）平均賃金×365日で算定した年収は、実際の年収とほぼ同程度の金額となる

などです。

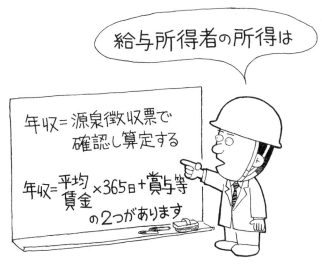

慰謝料を支払う基準はありますか。

 労働災害の慰謝料については日弁連や損保会社など
が作成している自動車事故の基準例を参考とするのが
よいでしょう。

慰謝料の性格

　慰謝料とは精神的な損害の賠償で、被災者本人の慰謝料は民法709条に基づいて請求をすることになります。また、民法711条は遺族固有の慰謝料請求権を認めています。この請求権者は間接被害者として父母、配偶者、子となっています。また、判例は民法710条で被災者本人の慰謝料請求権を相続でき遺族が請求できるとしています（「独身で配偶者も子もいない71歳の老人が交通事故で死亡し、老人と同居していて葬儀の世話などをしていた甥と示談が成立していたが、結婚以来42年以上被害者と別居していた妹が慰謝料の相続権者ということで慰謝料請求した事案で、被害者の慰謝料請求権の相続権あり」とする昭和42年の最高裁判決があります）。

　また、慰謝料については、単に傷害を負ったことについての慰謝料（基本的に通院・入院日数に応じて換算）と、その傷害が後遺障害として残ってしまった場合の後遺障害慰謝料（その後遺障害の等級に応じて換算）とは別個に考えることになります。

　後遺障害が認められる場合に、症状固定日（これ以上治療を施しても効果が期待できずに、最終の状態に達したとえいるとき）を境にして、それ以前の部分が単なる「慰謝料」、それ以後の部分が「後遺障害慰謝料」となります。症状固定日については、医師による後遺障害診断書が存在するのであれば、診断書に記載があります。

慰謝料の額

　慰謝料の額については、自動車損害賠償責任保険（いわゆる自賠責）の慰謝料基準、東京三弁護士会交通事故処理委員会・公益財団法人日弁連交通事故相談センター東京支部共編「民事交通事故訴訟損害賠償額算定基準」（一般的には「赤本」といわれています）、公益財団法人 日弁連交通事故相談センター専門委員会編：「交通事故損害額算定基準」（一般的には「青本」といわれています）、任意保険慰謝料支払基準例等が参考になります。

　交通事故の場合の自賠責における後遺障害の等級認定は、そもそも労災保険における後遺障害の等級認定に準拠していますので、以下の自動車事故における後遺障害等級等の話は労災事故においても十分参考になります。

　通常ですと自賠責基準よりも「赤本」等の基準によって算定した方が賠償額は高額になります。そして、実際の訴訟での損害額の認定も、自賠責の認定よりも高額になる（「赤本」等と同等ないしそれに近い）傾向にありますので、訴訟ではなく示談交渉での解決を希望する場合には、そのことを踏まえた上で賠償額を提示していくことになります。

　それぞれの慰謝料基準はおおむね次のとおりです。

（1）自動車損害賠償責任保険の慰謝料基準

　　自賠責保険の基準は令和2年4月1日から変更となっていますのでご注意ください。

　①　傷害慰謝料の場合

　　ア　慰謝料は、1日につき4,300円とする。

　　イ　慰謝料の対象となる日数は、被害者の傷害の態様、実治療日数その他を勘案して、治療期間の範囲内とする。

　　ウ　妊婦が胎児を死産または流産した場合は、上記のほかに慰謝料を認める。

　②　後遺障害慰謝料の場合

　　後遺障害に対する慰謝料等の額は、該当等級ごとに次に掲げる表の金額とする。

自動車損害賠償保障法施行令 別表第1の場合

第1級	第2級
1,650万円	1,203万円

自動車損害賠償保障法施行令 別表第2の場合

第1級	第2級	第3級	第4級	第5級	第6級	第7級
1,150万円	998万円	861万円	737万円	618万円	512万円	419万円
第8級	第9級	第10級	第11級	第12級	第13級	第14級
331万円	249万円	190万円	136万円	94万円	57万円	32万円

　　A．自動車損害賠償保障法施行令別表第1の該当者であって被扶養者がいるときは、第1級については1,850万円とし、第2級については1,373万円とする。

　　B．自動車損害賠償保障法施行令別表第2第1級、第2級または第3級の該当者であって被扶養者がいるときは、第1級については1,350万円とし、第2級については1,168万円とし、第3級については1,005万円とする。

　　自動車損害賠償保障法施行令別表第1に該当する場合には、初期費用等として、第1級には500万円を、第2級には205万円を加算する。

③　被害者が死亡した場合

　ア　死亡本人の慰謝料は400万円とする。

　イ　慰謝料の請求権者は、被害者の父母（養父母を含む）、配偶者および子（養子、認知した子および胎児を含む）とし、その額は、請求権者1人の場合には550万円とし、2人の場合には650万円とし、3人以上の場合には750万円とする。

　　　なお、被害者に被扶養者がいるときは、上記金額に200万円を加算する。

（2）弁護士会

　ここでは、いわゆる「赤本」に示された慰謝料算定基準のみをご紹介します。

①　被害者が死亡した場合

　　一家の支柱　2,800万円

　　母親、配偶者　2,500万円

　　その他　2,000万〜2,500万円

　　本基準は具体的な斟酌事由により増減されるべきで、一応の目安を示したものである。

② 傷害慰謝料

原則として、入通院期間を基礎としてA表（167ページ）を使用します。

通院が長期にわたる場合は、傷害の部位、程度によっては、A表の金額を3.5倍程度増額し、また、生死が危ぶまれる状態が継続したとき、麻酔なしでの手術等極度の苦痛を被ったとき、手術を繰り返したときなどは、入通院期間の長短に関わらず別途増額を考慮します。

そして、むちうち症で他覚所見がない場合等（軽い打撲・軽い挫傷）の場合は、入通院期間を基礎としてB表（167ページ）を使用します。通院が長期にわたる場合には、症状、治療内容、通院頻度をふまえ実通院日数の3倍程度を慰謝料算定のための通院期間の目安とすることもあります。

③ 後遺障害慰謝料

第1級	第2級	第3級	第4級	第5級	第6級	第7級
2,800万円	2,370万円	1,990万円	1,670万円	1,400万円	1,180万円	1,000万円
第8級	第9級	第10級	第11級	第12級	第13級	第14級
830万円	690万円	550万円	420万円	290万円	180万円	110万円

なお、自賠責14級に至らない後遺症があった場合でも、それに応じた後遺障害慰謝料が認められることもあると考えられています。

（3）任意保険による慰謝料支払基準例

任意保険とは各保険会社が扱っている上積労災保険制度などをさします。それによる支払い基準は保険会社により異なります。その一例が168ページに示されていますので参照してください。

Q28 死亡被災者の兄弟から慰謝料を支払えと言われましたが。

A **兄弟が被災者に介護をされていた等の特殊な事情がない限り、支払わないのが普通です。**

兄弟

慰謝料の内容は

　損害賠償金は、大きく分けると次の３つで構成されます。

❶　実際に支払った治療費等の損害

❷　逸失利益（内訳は次のとおり）

　①　被災者の休業により得られなくなった収入（休業損害）

　②　ア　後遺障害が残った場合にはそれにより労働が制限されたこと（後遺障害逸失利益）

　　　イ　被災者が死亡にした場合には、それにより労働ができなくなったこと（死亡逸失利益）

　　により得られなくなった収入の合計額

❸　慰謝料

これらの損害はある程度定型化して算出することができます。

　まず、死亡災害以外の場合では、災害前の収入に、後遺障害の程度によって定められた労働能力喪失率を乗じ、ライプニッツ係数を用いることで、労働が制限されたことによる逸失利益を算出します。また、後遺障害に対する慰謝料はある程度基準金額が形成されていますので、それらを勘案して全体の損害額を決めることができます。そして、その金額を基にして双方が合意した損害賠償金額を、被災者本人に支払うことになります（なお、交通事故の事例で、重い後遺障害が残った場合は、被害者本人分とは別に、親族にも固有の慰謝料が認められた事例もあります）。

　次に、死亡災害の場合では、災害前の収入から、本人の生活費が要らなくなることに鑑み一定割合（生活費控除率）を控除したのち、ライプニッツ係数を用いて労働ができなくなったことによる逸失利益を算出します。被災者が死亡した場

合の慰謝料についても、被災者の家族構成、家庭における立場（被災者が世帯主かどうか等）によって基準となる金額が形成されていますので、それらを合計して示談交渉の基準となる金額を算出することができます。

死亡の場合誰に払う

では、被災者が亡くなってしまった場合、誰に損害賠償金を支払えばいいのでしょうか。いずれにせよ、残された家族らの誰かには支払わなければならないことは明らかですが、誰に支払うかを決めるためには、この支払う金員が、死者の得た損害賠償請求権という権利が相続されたものなのか、それとも被災者が亡くなったことに伴って、被災者と親交があった人々（もちろんその範囲は無限に認められるわけではありませんが）が固有に取得する請求権なのかということを理解しなければなりません。

この点について判例は、逸失利益、慰謝料ともに、本人が取得しその権利が相続されることになると判断しています。ですから、上記によって求められた基準金額を参考にして**合意した損害賠償金については、相続人に支払うということになります**。なお、民法721条は損害賠償請求権について、886条は相続について、それぞれ胎児は既に生まれたものとみなすと規定し、権利能力を与えていますので、慰謝料の支払い時においては、胎児についても考慮する必要があることに注意してください。

近親者の慰謝料請求権とは

それでは、相続人以外の人間は全く損害賠償金を受け取れないのでしょうか。その点につき民法711条は「他人の生命を侵害した者は、被害者の父母、配偶者及び子に対しては、その財産権が侵害されなかった場合においても、損害の賠償をしなければならない」と定め、いわゆる「固有の慰謝料」を認めています。しかし、配偶者および子については相続権がありますので、あまり問題になることはないと思われます。なぜなら、損害賠償金決定の過程において、（相続により取得したとされる）被災者本人の慰謝料を決定する際、実質的には配偶者および子の事情を考えて決定することが多いと考えられるからです（もちろん、個別に考えることもあるでしょう）。多くの場合で問題となるのは、被災者に子がいる時には相続権者とならない被災者の父母のケースです。ゆくゆくは老後の面倒を見てもらいたいと考えていた、一人息子で自分の唯一の肉親であった等のケースを想定すれば、相続権者でないことを理由として損害賠償金を全く受領できな

いというのが不合理であることは簡単に納得できることと思います。このような**被災者の父母（実際の事例では高齢者であることが多い）に対しても示談交渉の場においても誠実に対応し、「固有の慰謝料」（もちろん示談書に「固有の慰謝料として」などと記載する必要はありませんが）の支払いを検討すべきであり、それが早期の解決に繋がるでしょう。**

両親以外の親族はどうする

　では、それ以外の親族に対してはどう考えればよいでしょう。判例では、身体障害者で被害者に介護されていた、被害者の夫の妹に固有の慰謝料を認めたケースもありますが、それはあくまで裁判をした結果です。示談の場では、相続権を有する者および父母以外（兄弟のケースが多いでしょう）の関係者から「自分にも損害賠償金を払え」と言われても、上記のように介護されていた等の特殊な事情が無い限り普通は支払えません。もしそのようなことをすれば、その他の兄弟や親族が次々に現れ、その度にお金を支払わなければならず、最終的な終結を図るという示談の意味が無くなってしまうからです。

　しかし、そうは言っても相手はこちらを「加害者」扱いしているでしょうし、簡単には納得してくれないでしょう。そうした場合、示談交渉の場に同席してもらい、示談交渉にあたりこちらが提示している、被災者が死亡したことに伴う損害総額の算定根拠を明示し、その金額（本来損害賠償金を受領する者も含め）を誰がいくら受領するかは先方側で話し合って決めていただくことがよいでしょう。兄弟姉妹がいるからといって損害賠償金の基準が自動的に増えるわけではないことを説明し、損害賠償金をどう分けるかは先方に任せた方がよいでしょう。そして、その兄弟姉妹が示談の当事者として示談書に記名捺印してあれば、その後に改めて請求をしてきても対応できます。

示談の後から請求されたら

　相続人や両親など、相続の権利がある人を調査し、そのうえで示談を成立させたと思った後、相続人でもないのに「私はお金を貰っていない」と言ってくる人がいないとも限りません。そういう場合にそなえ、示談書に「被災者、もしくは示談当事者らと何らかの関係を有する者から、本件事故ならびに本示談に関し、異議申立て、請求等があった場合には、示談当事者らの責任において解決し、一切迷惑・負担をかけないことを確約する」との趣旨の条項を入れておけば、示談は済んでいるので、異議があれば示談当事者に言って欲しいとの対応が可能となるでしょう。

Q 29 賃金センサスとはどのようなものですか。どのような場合に使用するのですか。

A 賃金センサスとは、「賃金構造基本統計調査」の平均賃金を取りまとめたもので、幼児や子供、学生や主婦などの損害賠償の基礎収入（ベースとなる年収）を算定する場合や、それ以外であっても、実際の所得がない、実際の所得が非常に低額である、あるいは所得について証明困難である場合等の算定に用います。

賃金センサス

　休業損害や、死亡・後遺障害の逸失利益の算定において、通常、会社員であれば給与明細や源泉徴収票、所得証明書などで、また、事業主であれば確定申告書や所得証明書を基にその人の収入を把握することができます。

　もっとも、賠償実務の場面では、実際の所得がない、あるいは実際の所得が非常に低額で実態に沿う収入が把握できないという問題が発生することがあります。そして、後述するように、休業損害や逸失利益の算定にあたっては、被災者の基礎収入（1日、1月、1年等の一定期間のベースとなる収入）を確定する必要があります。このような場合に用いるのが賃金センサスです。

　賃金センサスとは、わが国の賃金に関する統計として、最も規模の大きい「賃金構造基本統計調査」を取りまとめたものです。この調査は、主要産業に雇用される常用労働者について、その賃金の実態を労働者の種類、職種、性、年齢、学歴、勤続年数、経験年数別等、わが国の賃金構造の実態を詳細に把握することを目的として、昭和23年から毎年実施されています。

　この調査の結果である全年齢平均賃金や年齢別平均賃金は、幼児等の逸失利益の算定に用いられる他、給与所得者の場合にも、現実の収入が賃金センサスの平均賃金以下の場合、その平均賃金が得られるようなある程度の確実性があればそれを用いることがあります。また、一人親方のような事業者である場合にも、平均賃金以下の収入だが平均賃金を得られる蓋然性がある場合や現実収入の証明が

困難な場合等に用いられることがあります。賃金センサスには、全年齢平均、学歴別平均、職種別平均、年齢別平均などの平均賃金が示されており、どの平均を使用するかは、被災者の立場や状況により異なります。

　例えば、次のような判例があります。

○　短大卒後、本件事故に遭遇する直前まで信託銀行に勤務していた21歳女性につき、平成4年4月1日から同年9月末までの収入が115万円余であったが、賞与の減額等就職初年度の年収が低額に抑えられているのは経験則上明らかであるとして、女子高専卒・短大卒全年齢平均の賃金センサスを用いた（東京地判平7.7.26交民28・4・1101）。

○　アルバイト稼働中の19歳男子の死亡逸失利益を「将来の転職や収入増の可能性」をもって賃金センサス高卒男子全年齢平均で算出した（京都地判平12.10.19自保ジ1395・3）。

○　アルバイト中の56歳の男性につき、アルバイトは病気によるもので、間もなく病気から回復し正社員として採用される予定であったことを考慮して、アルバイト収入と同年齢の男子の平均給与との平均額を基礎収入とした（神戸地判平9.6.17交民30・3・828）。

○　従業員10数名の建設自営業の53歳男性について、確定申告書記載の所得金額161万円は収入金額5,160万円に比して低額過ぎ、このような金額では到底現実の生活水準を維持できないとして、賃金センサス男性学歴計50歳から54歳平均687万5,000円を基礎とした（大阪地判平20.3.11交民41・2・283）。

○　会社員の38歳男性について、事故前年度（入社3年経過）の収入313万円は賃金センサスの男性学歴計金額をかなり下回るが、事故時37歳で将来の昇給の可能性が否定できないことも考慮し、賃金センサス男性学歴計全年齢平均賃金の80%である421万4,080円を基礎とした（東京地判平25.6.28　交民46・3・811）。

Q30 　64歳の作業員が足場からつい落し最悪の事態を招いてしまいました。ご遺族から示談をしたいといわれましたが、このような高齢の方への損害賠償の計算はどのようにすればよいのでしょうか。

A 　高齢者に対しても、その逸失利益に対する損害賠償を支払うことになります。ただし、就労可能年数と年収によっては、高齢者としての配慮が必要です。

高齢者に逸失利益はあるか

　少子高齢化時代の到来と言われだしてから久しくなりますが、確かに建設工事現場に行くと以前に比べ高齢と思われる作業員の方が増えているようにも思われます。

　ところで、逸失利益とは実際に労働をしていて収入があり、被災したことによる労働喪失で本来得られる収入が途絶えることによる利益の喪失です。したがって、収入があれば年齢に関係なく逸失利益は存在することになります（なお、幼児や就学者などの年少者では、その時に現実の収入はありませんが、将来の逸失利益の請求が認められています）。ただ、**逸失利益は年齢や社会的な立場、企業での役職、職種などで異なる**ことになります。

高齢者の就労可能年数と平均余命

　この逸失利益を算定するには将来何年くらい就労（または稼動）可能かという期間の問題が発生してきます。

　就労可能年数と平均余命は逸失利益を算定する基本的な事項です。もう一度逸失利益の計算式を確認しておきましょう。死亡の場合ですが、

逸失利益＝年収×（１－生活費控除率）× 就労可能年数に対応する中間利息控除係数（ライプニッツ係数）

このように就労可能年数が逸失利益の計算上重要な要素となります。

　では、この就労可能年数と平均余命の二つの事項がなぜ重要なのかというと、

逸失利益は将来の得べかりし利益をいいますから、将来労働の収入が認められる期間がどれだけあるかを確定させなければなりません。

そこで、高齢者の就労可能年数をどのように捉えるのかということになります。就労可能年数は年齢や健康状態、職業その他諸般の事情を考慮して考えなければなりませんが、実際には難しいので、**実務的には原則として67歳までを就労可能年数としています。**もっとも、**症状固定時の年齢が67歳を超える高齢者では「簡易生命表」の当該年齢の平均余命の２分の１を就労可能期間とします。**また、症状固定時から67歳までの年数が簡易生命表の平均余命の２分の１より短くなる者の労働能力喪失期間は、原則として平均余命の２分の１の年数にすることとされています。

これらにより計算された期間が上記の逸失利益計算をする際の就労可能年数となります。

なお、後１年で仕事に就かないことが分かっている場合などは１年分が逸失利益となります。

年収の算定と賃金センサスの採用

労災保険申請時に１日当たりの平均賃金を算定しますから、その平均賃金額×365日＝年収とする場合が多いと思います。したがって、平均賃金は労災保険の給付基礎日額と同じ金額となります。

この年収が賃金センサスの平均賃金よりも低い場合は、平均賃金が得られる確実性があれば、賃金センサスの平均賃金を使用する場合もでてきます。いずれにせよ、使用者側の立場に立つのであれば、基礎賃金が異なると総額にも大きな開きが生じうるため、被災者側の個別事情を踏まえたうえで、賃金センサスの金額を用いることで譲歩するのか、労災保険時の１日当たりの平均賃金として譲歩しないのかについて十分に検討する必要があります。

賃金センサスについてはQ29を参照。

新ホフマン係数とライプニッツ係数はどのように違うのですか。示談の時にはどちらの係数を使えばよいのですか。

 中間利息の控除方法としては、単利で計算する新ホフマン係数と、複利で計算するライプニッツ係数があります。

現在実務的に用いられているのはライプニッツ係数です。

中間利息控除係数

　将来の損害に対しては、本来毎年あるいは毎月ごとに徐々に補填されなくてはなりませんが、現実的には将来分をまとめて一時金として支払っています。すなわち、将来において徐々に発生するであろう収入を現在時点において先取りで得ているわけです。

　この場合、長い年月をかけて得る金銭を一度に得ることになるので、その間の中間利息を控除しなければ公平を欠くことになります。

　そこで、遺族や被災者が預貯金などで運用すれば得られるであろう中間の利息をあらかじめ差し引いて計算することが必要になります。

　逸失利益の算定時にはこの中間利息を控除することになりますが、その際に用いられる係数が中間利息控除係数です。

新ホフマン係数とライプニッツ係数

　この中間利息控除係数には、利息を単利で計算する新ホフマン係数と複利で計算するライプニッツ係数があります。

　新ホフマン係数とライプニッツ係数の計算の考え方は以下のとおりとなっています。

　新ホフマン係数の場合は、次の計算式を基にしています。

現在価格＝将来得る利益額／（１＋期間×利率）

例えば、１年後に得られる金額が 500 万円、法定利率の年３％の場合に今いくら必要なのかを求めると、

現在価格＝ 500 万円／（１＋１× 0.03）

となり、現在価格は、約 4,854,368 円となります。

すなわち、今 4,854,368 円の現金が手許にあれば、１年後には３％の利息がついておおよそ 500 万円を得ることができるようになります。

これが２年となると、

現在価格＝ 500 万円／（１＋２× 0.03）

となり、現在価格は、4,716,981 円になります。

すなわち、２年後に 500 万円の収入があるためには、現在時点で、4,716,981 円の支払いをすればよいことになります。

ところが実際には、２年間のうち、それぞれの年に収入がある訳ですから、

4,854,368 円＋ 4,716,981 円＝ 9,571,349 円

となり、２年間の収入の合計を現在時点で払うことになります。

理論的には中間利息の控除をこのように算定しますが、実際には、計算が複雑で面倒なので、それぞれの年の係数を算出してこの係数を使用しています。例えば、

１年目の新ホフマン係数は、

4,854,000 円÷ 5,000,000 円＝ 0.9708

２年目の新ホフマン係数は、

9,571,000 円÷ 5,000,000 円＝ 1.9142

となり、これが新ホフマン係数といわれるものです。

一方、ライプニッツ係数は、次の計算式になります。n ＝ n 乗

現在価格＝将来得る利益額／（１＋利率）^{n}

新ホフマン係数と同じように計算すると、１年目は、

現在価格＝ 500 万円／（１＋ 0.03）

となり、現在価格は、約 4,854,368 円となります。値は、新ホフマン係数と同

じになります。

　これが２年となると、

　X＝500万円／（1＋0.03）×（1＋0.03）

となり、現在価格は、4,712,979円になります。

　1年目のライプニッツ係数は、
4,854,000円÷5,000,000円＝0.9708

　2年目のライプニッツ係数は、
9,567,000円^(注)÷5,000,000円＝1.9134
になり、これがライプニッツ係数といわれるものです。
（注）千円未満切捨て

　この結果からも分かるとおり、被災者に有利なのが新ホフマン係数です。

中間利息の控除利率

　中間利息の控除利率を何％にするのかということも問題になります。

　この点について、最高裁は「日本の法体系全体について、利息を差し引く際、法的安定性や統一的処理が必要とされる場合は年５％と定められている。賠償額の算定でも５％とすべきだ」（平成17年6月14日第三小法廷判決）との判断を示していました。

　その後、示談額の算定において、これらを踏まえ、中間利息は５％で算定するのが一般的になり、新ホフマン、ライプニッツ係数も５％で算定したものを使用していましたが、**令和２年４月の民法改正で法定利息が５％から３％に引き下げられた**ことにともない、新ホフマン、ライプニッツ係数は３％で算定したものに改められています。

地裁の共同提言

　平成11年11月に東京、名古屋、大阪の各地方裁判所は、「交通事故の逸失利益の算定法式についての共同提言」を公表しました。それまで、東京ではライプニッツ係数、大阪では新ホフマン係数を使用するのが一般的でしたが、**この共**

同提言では、「**逸失利益の算定は、将来分の収入はライプニッツ係数を使用して複利で今の価値に割り戻す方式に統一する**」としています。
　この共同提言の骨子は次のようになっています。

共同提言の骨子

１．交通事故による逸失利益の算定において、原則として、幼児、生徒、学生の場合、専業主婦の場合、及び、比較的若年の被害者で生涯を通じて全年齢平均賃金又は学歴平均賃金程度の収入を得られる蓋然性が認められる場合については、基礎収入を全年齢平均賃金又は学歴別平均賃金によることとし、それ以外の者の場合については、事故前の実収入額によることとする。

２．交通事故による逸失利益の算定における中間利息の控除方法については、特段の事情のない限り、年５分 (注) の割合によるライプニッツ方式を採用する。

　（注）共同提言時の民法の法定利率は年５％であった。現在は年３％になっている。

３．上記の１及び２による運用は、特段の事情のない限り、交通事故の発生時点や提訴時点の前後を問わず、平成 12 年 1 月 1 日以降に口頭弁論を終結した事件ついて、同日から実施する。

　共同提言の運用

　　この共同提言の内容が、各裁判官の個々の事件における判断内容を拘束するものではないことは当然のことである。

実務での取扱い
　この共同提言以後、逸失利益の実際の算定は、実務的にはライプニッツ係数を使用することになっています。

Q32 損害額から労災保険の特別支給金を控除することはできますか。

A **最高裁の判例では、労災保険から支給される特別支給金は控除できないとなっています。ただし、示談の際に特別支給金を控除するか否かは、当事者間の裁量にまかされています。**

労災保険の社会復帰促進等事業

労災保険は、「業務上の事由又は通勤による労働者の負傷、疾病、障害、死亡等に対して迅速かつ公正な保護をするため、必要な保険給付を行い、あわせて、業務上の事由又は通勤により負傷し、又は疾病にかかつた労働者の社会復帰の促進、当該労働者及びその遺族の援護、労働者の安全及び衛生の確保等を図り、もつて労働者の福祉の増進に寄与すること」（労災保険法1条）を目的とし、この目的を達成するため、「業務上の事由又は通勤による労働者の負傷、疾病、障害、死亡等に関して保険給付を行うほか、社会復帰促進等事業を行うことができる」（2条の2）としています。

社会復帰促進等事業の種類として、次のものがあります。

（1）社会復帰促進事業

（2）被災労働者等援護事業

（3）安全衛生確保等事業

このなかで、（2）の事業が特別支給金に関するもので、具体的には、次のものがあります。

種　　類	金額等
休業特別支給金	給付基礎日額の 20％
障害特別支給金	障害の程度により、8 万円（14 級）〜 342 万円（1 級）
遺族特別支給金	一律 300 万円
傷病特別支給金	傷病の程度により、100 万円（3 級）〜 114 万円（1 級）
障害特別年金（一時金）	障害の程度により、算定基礎日額の 131 日分（7 級）〜 313 日分（1 級）の年金 算定基礎日額の 56 日分（14 級）〜 503 日分（8 級）の一時金
遺族特別年金（一時金）	遺族の人数等により、算定基礎日額のの 153 日〜 245 日分の年金 算定基礎日額の 1000 日分の一時金
傷病特別年金	傷病の程度により、算定基礎日額の 245 日〜 313 日分の年金

特別支給金の控除

　　損害額の総額から特別支給金を控除するか否かについては、必ずしも定まった見解はなく、肯定説、否定説がとなえられてきました。

　　肯定説は、①特別支給金は、保険給付と同一不可分であり、保険給付との同一性、類似性が強い、②特別支給金は、保険給付の給付率を引き上げたのと同じ役割を果たしている、③特別支給金は、事業主が支払う保険料で賄われている、④特別支給金を控除しないのは事業主にとって二重払いの不利益になり、被災労働者には損害の二重補填となり不合理である、等を理由として、特別支給金は、損害額の総額から控除できるとしています。

　　一方、否定説は、①特別支給金は、社会復帰促進等事業の一環として給付されており、損害の補填より被災者あるいは遺族に対する生活援護金、遺族見舞金的側面が強い、②労災保険の制度的に、特別支給金は、第三者への請求権の代位取得や民事賠償との調整規定の適用が排除されており、損害の補填を目的とした制度でないことは明らかである、との見解が示されています。

最高裁の判例

　　これらの説について、最高裁は、損害賠償請求事件（コック食品事件：最二小判平 8.2.23）において、前記否定説の理由等により明確に「特別支給金は、損害額から控除できない」として否定説を採用しています。

示談における取扱い

　しかし、損害賠償額を支払う使用者側にとってみれば、前記の肯定説からも分かるように、労災保険の保険料を負担しており、たとえ社会復帰促進等事業からの給付とはいえ、それを控除できると考えるでしょう。また、被災者側は、最高裁で判決が出ている以上、控除はできないと主張するでしょう。

　裁判による場合は、特別支給金を控除することはできないことで決着がついていますが、実際の示談では、使用者側としては、まず、特別支給金を控除して損害賠償額を算定することも考えられます。それに対して被災者側が譲歩をしない場合には、早期解決によるメリットと法的手続による賠償金増額のリスク（特別給付金を賠償額から控除しないという結論となる）を考え、取るべき方針を決めることになります。

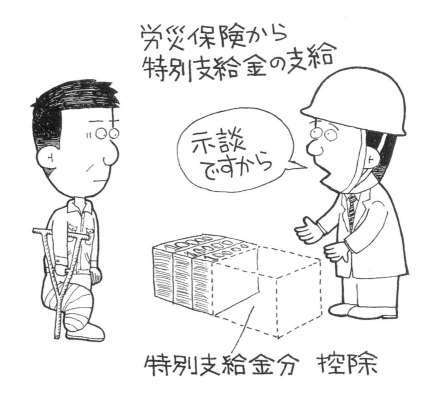

　労災就学援護費と労災就労保育援護費についても示談交渉の場合は損害額から控除して提案することも考えられる。

　社会復帰促進等事業の「労災就学援護費」と「労災就労保育援護費」は、労働災害によって重度後遺障害者（障害等級第1級～第3級の年金および傷病補償年金受給者）となったり、死亡した被災者の子弟の中で、学業の継続が困難になった者に対して支給されます。裁判例では、就学等援護費について損害額からの控除を否定したものがあります（神戸地判平成18.3.31　交民39・2・493）が、最高裁判例は無く、示談交渉の段階では損害額から控除して金額を提案することも考えられるでしょう。なお、給付基礎日額が16,000円を超えるときは、支給の対象となりません。

　支給額は次のとおりです。

① 小学校（盲学校、ろう学校もしくは養護学校の小学部の在学者を含む）の在学者1人につき	月額 14,000 円
② 中学校（盲学校、ろう学校もしくは養護学校の中学部、夜間中学を含む）の在学者1人につき	月額 18,000 円（通信制課程に在学する者にあっては、1人月額 15,000 円）
③ 高等学校等（中等教育学校後期課程、高等専門学校の第1学年から第3学年、盲学校、ろう学校、養護学校の高等部、専修学校の高等課程・一般過程、定時制、公共職業能力開発施設などで所定の訓練を受ける人を含む）の在学者1人につき	月額 18,000 円（通信制課程に在学する者にあっては、1人月額 15,000 円）
④ 大学等（高等専門学校の第4、5学年と専攻科、専修学校の専門課程、夜間学部、短期大学、大学院、公共職業開発施設や職業能力開発総合大学校で所定の訓練を受ける人を含む）の在学者1人につき	月額 39,000 円（通信制課程に在学するする者にあっては1人月額 30,000 円）
⑤ 保育を要する児童（保育所、幼稚園、私設の託児施設（無認可保育所、会社の託児施設、知人・隣人・親戚などが預かる場合も含む）1人につき	月額 12,000 円

Q33 将来の年金部分は控除できるのでしょうか。

A 実際の示談では一般的には控除しています。

労災保険給付の控除

　労働災害が発生した場合、被災者またはその遺族は、治療費、休業補償、障害補償、遺族補償等の労災保険給付を受けることができます。また、同時に、事業主を相手に損害賠償請求を行うこともできます。

　ただし、同一の損害について重複して利益を得ることは不合理なので、労災補償が行われた場合は、「使用者は、補償の責を免れる」（労働基準法84条）という規定が設けられており、損害賠償額全体から労災保険給付を控除することが認められています。

　この際、問題になるのが、損害賠償額からどのように労災保険給付を控除するかです。前述のとおり、労災保険給付が実際に行われた場合は、それを損害賠償額から控除することはできますが、将来支給予定の年金を控除できるかどうかの問題が生じてきます。

　これについて、最高裁は否定的な見解を示しています。

労災保険給付と損害賠償との調整

　しかし、全ての年金部分を控除できないとすると、事業主が費用を支払っている労災保険の保険利益を損なうおそれがあるため、労災保険法64条では、労災保険給付と損害賠償との調整規定を定めています。

　障害補償年金、遺族補償年金に該当する場合で、被災労働者等が労災保険給付と事業主からの損害賠償の両方を受けることができる場合には、両者の間で調整が行われることになります。

　その内容は、**被災労働者等が事業主から年金給付に相当する損害賠償を受けることができるときは、事業主は前払一時金の最高額相当額を限度に、損害賠償額から控除することができ、また、同様に損害賠償が行われたときは、政府は、厚**

生労働大臣が定める基準により、その価格の限度で保険給付を行わないことができるということです。

示談における取扱い

　　実際の示談では、上記のような調整規定が存在することからも、将来の年金部分を控除する方法が一般的です。いかに、判例や労災保険法が年金給付の控除を認めていない（労災保険法では前払一時金の最高限度額までは認めているが）からといって、当事者間で将来の年金部分を控除することは何の差し支えもありません。

将来年金

Q34 遺族が遠方であったため旅費、葬儀費用を全額負担しました。この場合損害賠償から差し引いてもよいでしょうか。

A 葬儀費用を会社が負担した場合は損害賠償（遺族が、葬儀費用も含めて請求してきた場合）から控除できますが、遺族の旅費は被災者本人の損害とは関係ないので控除できません。

損害賠償の範囲

　損害賠償には逸失利益のような消極的損害と治療費や移送費、あるいは葬祭費用などの積極的損害、慰謝料などの精神的損害に分類する方法が一般的です。ご質問は葬儀費用がその中の積極的損害にあたるか否かということです。もし、含まれるのであれば損害賠償として算定しなくてはいけなくなります。

　積極的損害といっても負傷の場合と死亡の場合では項目が異なります。障害が残った場合のほうが項目が増えます。

　損害賠償の範囲はつまりは災害との因果関係があるかどうかとなります。換言すれば、このような災害が発生していなければこのような費用は支出しなかったであろうという関係で判断することになります。

葬儀費用の損害賠償からの控除

　葬儀費用は積極的損害として損害賠償に含まれるというのが裁判所の判断ですし、実務的にも認めています。

　葬儀費用を会社側が全額負担した場合は、損害の填補をしたと考えてよいでしょう。また、遺族が葬儀を行って損害賠償として請求してきた場合は、会社側がその費用を支払うことになります。最近の裁判所の傾向は原則として150万円とし、これを下回る場合には実際に支出した金額とされています。もっとも、近時、被害者の身上や事故態様などの具体的事情のもとに葬儀費用として250万円を認めた裁判例も散見されるところです。

　なお、葬儀関連費用として法要、墓碑建設費、仏壇購入費については裁判所により認めている例もあります。

遺族の旅費

死亡した場合の積極的損害の範囲は死亡するまでの治療費や移送交通費など現実に生じた損害をいいます。したがって、通常はこの中には遺族の旅費を含みません。むしろ、事業者側の遺族への配慮（遺族への好印象や誠意を示すなど）としての性格を有していると考えるのが至当でしょう。こう考えると会社側が負担したとしても損害賠償から控除するのは無理があると思われます。

損害賠償からの控除等の項目

現実に支出があった場合、損害額として認められ、損害額に含まれる費用は下表のとおりです。

	概ね認められる費用	概ね認められない費用	状況により判断が変わる項目
医療経費	医療費、初診料、往診費、注射料、処置料、検査料、手術料、医師手術立会費、輸血代、薬品代、義足代、酸素吸入費、コルセット代、義歯代、ギプス代、風呂代、保険外使用薬、通院費、鍼灸費、マッサージ代、一般室入院費	平癒祈願	特別室入院費、温泉療養費、転地療養費、帰省旅費
入院経費	患者食費、付添食費、看護婦代、付添婦代、洗濯代、付添婦紹介料、担架洗濯代、入浴代、暖房費、交通費、通信費、電話代、栄養補給品代、布団借代、布団打ち直し代、ガーゼ、オムツ用さらし、尿ビン、タオル、敷布、チリ紙、くだもの代等	退職謝金、見舞客接待費、見舞返礼費、体温計、丹前、防寒具、ラジオ、テレビ、食器、雑衣類等	近親者看護料、医師特別謝金、病院関係者への心付け、快気祝い費用、学業補修費用、寝具購入料、テレビ賃借料等
葬儀経費	通常の葬儀費用、お布施料、葬祭具店支払費、運転手心付け、卒塔婆代、初七日・七七忌の読経料、お供物代等	特殊納棺物費用、香典返礼費、仏壇購入費、墓地権利金、墓地基礎工事代、納骨堂建設費、一族墓碑建立費、墓碑管理費、遺骨位牌等保管料、永代供養料、一周忌等の費用等	火葬場心付け等
その他の経費	医師診断書代、関係官署証明書代、加害者調査費	関係官署の捜査等立会費用、関係官署への出向き費用、葬儀参列者の衣類代、現地調査費用、事故対策飲食代、示談交渉費用、調停申立て費用等	子守代、留守番代等

Q35 業務上交通事故の場合の労災保険と自賠責との調整はどうなるのでしょうか。

A 実態は、自賠責の支払いが先に行われ、労災保険からは労災保険給付額から自賠責の支払いが行われた金額を控除した額が支払われたというケースが多いようです。

自賠責先行の原則

　自動車事故による損害賠償の履行を確保するための制度として自動車損害賠償責任保険（共済）、いわゆる自賠責制度があり、これに加入していない車を運転できないことについては皆様もご存知のとおりですが、業務中における自動車事故の場合、労災と自賠責の関係はどうなるでしょう。

　事故が第三者との間で発生したものである場合、被災労働者（またはその遺族）は労災の保険給付、加害者に対する損害賠償の双方を請求することができますが、仮に損害賠償金と労災保険給付金双方を満額受け取れるとすれば、一つの事故を理由として、逸失利益を二重に受領することになり、不公平が生じます。そこで、自賠責、労災保険において決められた金額をそれぞれ全額受領するのではなく、先に受領した補償金額に基づいて、後に支給される補償金額が減額されることにより調整する必要がでてきます。

　まず、**労災保険と自賠責保険のどちらを先に請求するかについてですが、これは原則として自由とされています。労災保険では自賠責保険（共済）との間に協定が結ばれており、「給付事務の円滑化をはかるため、原則として自賠責保険の支払を労災保険の給付に先行させるよう取り扱うこと」といった労働基準局長通達**も存在しますが、上記通達は強制力があるものではないことから、被災者は労災保険を先行して受領することもできます。

　自賠責においては、仮渡金制度があり、損害賠償額の支払いが事実上速やかに行われること、労災保険では支払われない慰謝料が支払われること、休業補償についても、労災保険では基礎日額の80％（休業特別支給金を含む）が支払われるのに対し、自賠責では全額が支払われることのメリットがあります。他方、労

災保険は、自賠責保険とは異なり被災者の過失割合が問われることは無く、また、損益相殺の対象とならない特別支給金を受給できる場合がある等のメリットがあります。

自賠責と損害賠償の調整は

　では実際にはどのようにして調整がなされるのでしょうか。**調整には「求償」と「控除」の２通りがあります。**「求償」というのは被災労働者に対して労災保険が先に支払われた場合、政府が自賠責保険に求償を行う方法で、「控除」とは自賠責保険が先に支払われた場合に、労災保険給付額から自賠責により被災者が受領している額を控除した金額を支払うことです。なお、社会復帰促進等事業として支給される特別支給金については、保険給付ではないことから調整の対象とならないことに注意してください。

　「求償」においては自賠責保険が労災保険の求償にどのようにして応じるかの問題であり、自賠責保険の査定基準の問題となります。

　次に「控除」についてですが、これについては、負傷の場合、死亡の場合、障害が残った場合について分けて考えなければなりません。まず、負傷の場合、自賠責の支払限度額は120万円で、その限度内で実際の治療関係費用、逸失利益、慰謝料（１日当たり4,300円で計算されます）が支払われるわけですが、労災保険では慰謝料が支払われませんので調整の対象にはならず、治療関係費用、逸失利益について自賠責で填補された部分については労災から支給がなされず、自賠責で填補されなかった部分があった場合に労災保険が支給されることとなります。

　なお、逸失利益の差額を計算するにあたり、単純に「労災保険で支給されるべき金額（給付基礎日額の６割を基に計算）」から「自賠責保険で支給された金額（給付基礎日額全額を基に計算）」を差引くのではなく、「自賠責から支給されなかった日数」に対して労災支給がなされること、また、自賠責から全休業期間に対する逸失利益に支給がなされたとしても、給付基礎日額（自賠責は１日最高19,000円となっています）が労災支給上の日額に達していない場合にはその差額が支給されることなどに留意してください。

　次に死亡の場合、保険金限度額は3,000万円になりますが、このうち葬祭費・慰謝料・逸失利益の内訳は別表（次ページ）のとおりとなっています。**ここでの注意点は、自賠責の保険金は相続人全員に支払われるので（各々の受領金額は相続分に従って決まる）、保険金の受取人と労災受給権者とが必ずしも一致しない**

ことです。例えば子供がいる妻について労災支給を控除するか否かを決める場合、遺族補償年金は妻が全額受領するのに対し、自賠責から支給される保険金の逸失利益対応分については、妻が受給することになるのはその２分の１である、ということを念頭において労災保険支給の控除を計算しなければなりません。

　最後に障害の残った場合ですが、支払限度額は最高 4,000 万円（障害等級第 1 級の場合）から最低 75 万円（障害等級第 14 級の場合）まで、その等級に応じて別表（次ページ）の額を限度として支払われます。そして、この場合においても、自賠責から実際に支払われる逸失利益相当分と、労災保険で支払われるべき障害補償年金、もしくは障害補償一時金を比較し、自賠責から支払われる金額が多ければ労災保険からの支給はなされず、算出された労災保険から受給できる金額が多ければ、自賠責から支給された金額との差額が労災保険から支給されます。

調整は最長 3 年間

　求償は受給権者の第三者に対する損害賠償請求権を基礎として行われるものですから、その請求権が消滅時効にかかり消滅すれば求償権もなくなります。それゆえ、労災保険から自賠責保険への求償権の行使は災害発生後 3 年以内に支給すべき保険給付について行われることになっています。そして、このこととの均衡を考え、年金給付における控除についても、災害発生後 3 年を経過したときは、それ以降については年金を全額支給することとなっています。

労災保険と自賠責の比較

	自賠責	労災保険
療養中の逸失利益	100％支給	60％支給（別途労災特別支給金で20％支給）
慰謝料	支払対象	支払対象外
仮払金・内払金制度	有	無
療養費の範囲 (※)	広い	狭い

（※）一例としては、労災保険では療養に伴う諸雑費は一部を除き認められていないが、自賠責では認められる場合がある。

　例えば、120万円を先に自賠責から受領した場合、労災保険において支給対象とならない療養費、ならびに慰謝料については労災保険の控除の対象とならず、被災者の手許に残ることになるのに対し、120万円を労災保険から先に受領した場合、自賠責保険は労災保険からの求償に全額応じることとなり、被災者に支払がなされないことが考えられます。その結果、被災者は自賠責を先に請求していれば受領できるはずであった慰謝料を受領できない、ということが起こり得ます。

自賠責保険における保険金限度額（単位：万円）

１．死亡した者１人につき
　　イ　死亡による損害（ロに掲げる損害を除く）3,000万円
　　ロ　死亡に至るまでの障害による損害 120万円
２．傷害を受けた者１人につき
　　イ　傷害による損害（ロに掲げる損害を除く）120万円
　　ロ　後遺障害による損害

等級	金額	備考	等級	金額	備考
1級	4,000万円	別表第1の場合	7級	1,051万円	労災保険の障害等級に準じる
	3,000万円	別表第2の場合	8級	819万円	〃
2級	3,000万円	別表第1の場合	9級	616万円	〃
	2,590万円	別表第2の場合	10級	461万円	〃
3級	2,219万円	労災保険の障害等級に準じる	11級	331万円	〃
4級	1,889万円	〃	12級	224万円	〃
5級	1,574万円	〃	13級	139万円	〃
6級	1,296万円	〃	14級	75万円	〃

（注）後遺障害が２以上存在する場合の障害等級は、自賠法施行令２条３号を参照。

別表第1

等級	介護を要する後遺障害
第1級	（1）神経系統の機能または精神に著しい障害を残し常に介護を要するもの （2）胸腹部臓器の機能に著しい障害を残し常に介護を要するもの
第2級	（1）神経系統の機能または精神に著しい障害を残し、随時介護を要するもの （2）胸腹部臓器の機能に著しい傷害を残し、随時介護を要するもの

別表第2

等級	後遺障害
第1級	（1）両眼が失明したもの （2）そしゃくおよび言語の機能を廃したもの （3）両上肢をひじ関節以上で失ったもの （4）両上肢の用を全廃したもの （5）両下肢をひざ関節以上で失ったもの （6）両下肢の用を全廃したもの
第2級	（1）一眼が失明し他眼の視力が0.02以下になったもの （2）両目の視力が0.02以下になったもの （3）両上肢を手関節以上で失ったもの （4）両下肢を足関節以上で失ったもの

（注）第3級以降は労災保険の障害等級に準じる。

36 マイクロバスでの交通事故は業務上災害になりますか。

会社が用意したマイクロバスの場合は業務上災害となります。

「業務上の事由」とは

「業務中の」事故であるかどうかについての判断はどのようになされるのでしょうか。

労災補償の給付は「業務上の事由」または「通勤による」労働者の傷病等に対してなされます。

このうち「業務上の事由による傷病等」とは、業務が原因となった傷病等ということであり、業務と傷病等との間に一定の因果関係が存する場合ということであって、この因果関係のことを「業務起因性」といいます。さらに「業務起因性」が成立するためには、労働者が労働契約に基づいて事業主の支配下にある状態にあることが条件となっており、この状態のことを「業務遂行性」といいます。すなわち、業務上の傷病は「業務起因性」が必要であり、この「業務起因性」が成立するためには「業務遂行性」が必要であるということになります。

被災者の担当業務、およびそれに付随する作業、ならびに特別に命じられた作業の最中の事故であれば当然「業務遂行性」が認められますが、担当業務ではないけれど私的行為ともいえないような行為中の事故もあります。このようなケースについては、その行為が合理性、必要性があるのかどうかを客観的に判断し、個別に「業務上」か否かが決定されることになります。また、作業中断中、準備中、後片付け中などの事故等についても、その事故が発生するに至った行為が、私的目的による行為か否か、業務行為に当然に付随するものなのか等を勘案し、やはり個別に業務上か否かの判断がなされることとなります。

では、出張中はどうでしょうか。

出張中で通常の勤務地から離れているとはいえ、事業主の命令により出張に行くわけですから事業主の支配下にあると考えることができ、出張の過程全般について「業務遂行性」が認められることとなるでしょう。ただし、もちろんのこと

ですが、積極的な私的行為中の事故については「業務遂行性」は認められません。

「通勤による」とは

　次に「通勤による」労働者の傷病（いわゆる通勤災害）についてです。まず「通勤による」の意味ですが、通勤と因果関係があること、つまり、通勤に伴う危険が具体化したことをいいます。したがって、通勤の途中で怨恨をもってけんかをしかけて負傷した場合などは通勤災害とはいえません。

　では、「通勤」と考えられる範囲はどのようなものでしょうか。その点につき、労災保険法7条2項は、通勤とは、労働者が、就業に関し、住居と就業の場所の間を、合理的な経路および方法により往復することをいい、業務の性質を有するものを除く等と定め、同条3項は、往復の経路を逸脱、中断した場合には、当該逸脱または中断の間およびその後の往復は通勤としない旨、日用品の購入、病院等における診察、治療等をやむを得ない事由により行うための最小限度のものについては逸脱、中断とはしない旨を定めています。

「就業に関し」とは

　「就業に関し」とは、往復行為が業務に就くため、または業務を終えたことにより行われるものであることをいいます。ここで業務とは、所定の就業日の所定の作業だけではなく、全職員参加の会社主催行事に参加するような場合、得意先との接待、打合せに出席する場合についても業務となる一方で、会社主催であっても任意参加とされている行事に参加する場合、労働者が一般の組合員として組合の大会に出席するような場合については業務とはなりません。

　また、業務終了後に事業場施設内でサークル活動、労働組合の会合に出席し帰宅する場合については、社会通念上就業と帰宅との直接的関連を失わせると認められるほど長時間となるような場合を除き、就業との関連性が認められることとなっていますが、実務上は個別の事情によって判断されることになります。

　次に「合理的な経路及び方法」についてですが、当該住居と就業の場所との間を往復する場合に、一般に労働者が用いるものと認められる経路、手段等をいうとされていますが、これについてはある程度常識的に判断できると思われます。

　なお、平成18年4月から労災保険法が一部改正され、いままで認められていなかった①複数就業者の事業場間移動と②単身赴任者の赴任先住居、帰省先住居間の移動についても通勤災害保護制度の対象となっています。

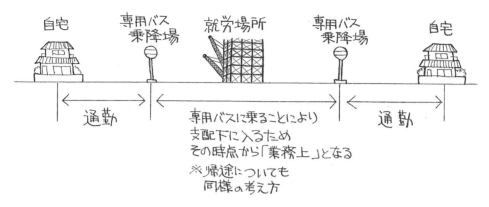

　※　実際に運転を始めていなくとも，乗車の際の被災は
　　「業務上」となる場合がある。

　※　バスを降りた後でも，そのバスにひかれたという災害は
　　「業務上」となる。

会社が用意した通勤バスでの災害は業務上

　最後に「業務の性質を有するものを除く」についてですが、これは業務の性質を有するのであれば業務災害として保護を受けられるので通勤災害と扱わないという趣旨です。具体例としては、事業主が専用の交通機関を労働者の通勤の用に供している場合に、その利用に起因する災害は業務起因性が認められ、業務災害となるとされていることで、この場合、労働者のための専用の交通機関であれば、それが事業主所有であるか運行委託をしたものかを問わないとされています。

　この規定からすれば、**事業主が通勤用に用意したマイクロバスに搭乗中の事故は業務上の災害であると認定される**ことになります。

通勤用バスに関し、業務上災害と認定された事例

○　事業主が契約した専用の通勤用バスに乗り込もうとした際、バスの前輪のフェンダーに触れたことにより倒れてきた石によって被災した事例

○　ある集落から10名の労働者を雇い入れ、そのうちの1名が所有する小型トラックを、人員輸送用に改造し、所有者が運転し他の労働者を乗車させて通勤専用としており、そのことを会社も了承していた状況で、当該車がスリップ事故を起こし、被災した事例

○　ある造船所の下請会社が組合を作り、その組合所有のバスで通勤している場合において、この運行は通勤専用とみるべきで、この運行に関して発生する災害による負傷等は原則として業務上とみられると判断した事例

○　帰宅途中に会社のマイクロバスを降りた直後そのバスにひかれた事例

37 被災者は障害等級３級で症状固定後医師に勧められて温泉療養をし、その負担をさせられたのですが、損害賠償に含めなくてもよいでしょうか。

A 症状固定後の療養費用は医師が治療が必要と認めた場合は、損害賠償に含めなくてはいけない場合があります。

　症状固定とは症状が安定し治療の必要がなくなった状態で、一般的には「治ゆ」といいます。ただ、ここでいう治ゆは災害前の状態になったことを意味していません。慢性的な症状が続いても医療効果を期待し得ない状態になったことをいいます（昭23.1.13　基発第３号）。したがって、通常は医師が好意的に温泉療養を勧めた程度では損害賠償の対象とはなりません。しかし、**症状固定したとはいえその固定を維持し症状の悪化を防ぐ必要があるため医師が治療が必要と認めた場合は損害賠償に含めなくてはいけない場合があります。**治療費を賠償するということは「人身侵害について責任を負う者は、被害者をもとの身体にするのに必要な費用を負担せよ」というルールにほかなりません。

温泉療養と労災保険支給

　温泉療養は、病院等の付属施設で医師の直接指導のもとに行うもの（治ゆ前の温泉療養）に限り療養補償給付の対象として認められます。傷病が治ゆした後に、医師が必要と認め直接指導のもとに行う温泉療法は、療養補償給付の対象とはなりません。

Q 38 障害で介護が必要です。損害賠償に介護にかかる費用はどう含めたらよいのでしょう。

A 今後必要とする介護費用から労災保険から給付される介護（補償）給付を控除した額を対象として見積もるとよいでしょう。

介護費用はどれぐらい

　示談に伴う損害賠償金は、大きく分けて①治療費等、②いわゆる逸失利益、ならびに③慰謝料の3要素から構成されています。

　その中で、「治療費等の損害」については、医療機関に支払った金額、交通費や入院等にかかる雑費など実際に支払った金額を積み上げて計算ができるものがほとんどですが、一方で、現時点では未だ支払いがされていないものの、将来にわたって支払いが発生し続けることが想定されている要素があります。その一番大きな要素が、被災者がその後の生活において介護を必要とするようになった場合の介護費用です。

　今後発生すると予想される介護費用をどのように見積もるのかについては難しい問題でありますが、一般的には1日、1カ月、または1年といった単位で介護費用がいくらかかるかを算出し、一時金として一括での支払いを求める場合には、平均余命期間に対応するライプニッツ係数を用いて中間利息控除を行って、将来の介護費用の現在価格とすることが一般的に行われています。なお、1日当たりの介護費用についてですが、交通事故における損害賠償の基準においては、職業付添人の場合は実費全額、近親者による付添は1日につき8,000円で、具体的な看護状況により増減するとなっていることが参考になります。

　しかし、ここで大きな問題となるのは、このような算定方式により算出される額の高額化です。上記計算式は逸失利益の計算と同じ方法ですので、仮に被災者が40歳であると仮定すると、介護費用だけで少なく見積もっても3,000万円以上かかることになり、その他に逸失利益（障害1級から3級までであれば労働能力喪失割合による減額がないためこれもかなりの高額となります）、慰謝料と加算されますと億単位の金額になることもあります。

将来発生分は本当に必要か

しかし、示談金を支払う側としては、本当にそのような高額な介護費用が必要なのかという疑問を感じることが多いでしょう。なぜなら、逸失利益については、被災者が実際に将来いくらの収入を得るかは分からないということが前提としてありますので、「一般の人が今後働ける年数と同じだけ働けると仮定して」算出することについては致し方ないと考えることもできるのに対し、介護費用は、本来「実際にかかった費用」を填補するために支払われるべきものであることからすれば、実際にいくらかかるかが不明である示談の時点で、それを機械的に計算して一括して支払うのは妥当ではない、とも考えられるからです。

上記計算式では、介護が必要となった被災者が、今後一般の人と同じ平均余命に至るまでの期間生存することを前提としています。しかしながら、常時介護を必要とするような健康状態の患者が通常一般人と同じ年月生きていられるでしょうか。冷酷な言い方かもしれませんが、多くの場合においては、残念ながら否です。だとすれば、万一被災者が早期に亡くなった場合、亡くなって以降、算定の基礎となった年齢に達するまでの期間に対応する介護料は、支払いが発生しないにもかかわらず填補を受けたこととなり、被災者（厳密には被災者の遺族）は過分な利益を得る結果となってしまいます。そのように考えれば、示談の時点で平均余命に達するまでの介護料を一括して支払うことがおかしいのではという考えが出てくるのも致し方ないといえましょう。**実際の裁判例でも、平均余命の年齢に達するまでではなく、合理的と判断される期間においてのみ介護料を認めたケースもあるようです。**

しかし、一方で、示談の場にそのような考えを持ち出すことが現実的に可能でしょうか。

上記のような考えは「どうせ長く生きられないでしょう」と言っていると捉えられないとも限らず、特に今後の被災者の介護を任される立場の方からすれば、そのような考えを持ち出すこと自体が神経を逆なでする、不遜な対応であると思うでしょう。慎重な判断、対応が必要です。

労災保険は出るのか

ここで少し視点を変えて労災保険について考えます。労災保険においても、障害の状態が重度のため、常時介護または随時介護を受けているものに対し、介護（補償）給付がなされます。これは平成7年の法改正において創設されたもので（それ以前は労働福祉事業（現在の社会復帰促進等事業）としてなされていた）、

常時または随時介護を受けている労働者に対し、実際にかかった金額を保険給付するものであります。上限が決められている（常時介護の場合で1カ月約16万6,950円）一方、親族等により介護を受けていることから実際に介護料が発生しない場合においても、最低額として決められた金額が支給されます。

　この労災保険の支給は、介護により発生した費用を填補するものですが、その一方で、被災者が示談において介護費用として損害賠償金を受領するとなれば、それは「同一の事由」により二重に金員を受領することになってしまいます。**少なくとも介護費用として労災支給される部分については、示談における損害賠償金から控除してもよいと考えられます。**

定期払いの方法も

　これまで述べたとおり、介護料の支払は、その算定方式が難しく、一時金として支払おうとすれば、非常に大きな金額になってしまい、また実際には支出しない金額を負担することも考えられるという性質のものです。

　そのような事情から、裁判によって解決した事例では「生存中、月末毎に○○円を支払う」とした判決もあります。このような方式が、「現実の支出を填補する」という考え方からすれば妥当であることについてはお分かりいただけると思います。

　このような示談においては、示談の時点で最終的な支出がいくらになるのかが確定しないこと、また、被災者が、事業主が支払いをきちんとしてくれると信頼してくれていなければ合意に至らないなどの問題点がありますが、上記のような一時金払いも本当にそれだけの費用が必要か不確実な要素がある点を考えると、一つの解決法であるといえます。そして、この方式を採るのであれば、「月々の介護料として支出した金額から、労災保険で填補される金額を控除した後の金額を、毎月月末までに支払う」「労災保険給付とは別に毎月末に○○円支払う」といった示談の方法も考えられますが、その事務量も考えておく必要があります。

　一時金で払うにしても、定期払いをするにしても、被災者の関係者はこれから何年も介護という大変な仕事をしなければならないという不安を抱えています。そのような被災者ならびに関係者の気持ちを十分に斟酌したうえで交渉にあたることを基本に考えましょう。安くすませればよい、早くすませればよいということではなく、相手の立場に立って交渉に当たること、それが結局は早期示談への近道となります。

被災者には内縁の妻と両親がいますが、この場合示談の相手は誰になるのでしょうか。

 示談の相手として、両者を含めて考えるべきですが、内縁の妻は被災者本人に発生した損害賠償請求権を相続することは無く、あくまで内縁の妻という固有の立場で、自分自身の損害賠償請求権を有することになります。

内縁関係

　　内縁関係とは、「婚姻の意思をもって共同生活をし、社会的にも夫婦と認められているが、戸籍上の届出（婚姻届）が行われていないため、法律上の正式な夫婦と認められない男女関係」のことをいいます。

　　法律上は内縁関係では相続権はありませんが、実質的に夫婦として生活している場合は、判例で慰謝料等の損害賠償請求権を認めています。

　　内縁関係が認められるためには、以下の2点が必要とされています。

（1）婚姻の意思があること

　　　夫婦になろうとする合意があればよく、特別な形式はいらず、当然結婚式なども不要です。

（2）夫婦共同生活の存在

　　　法律上の婚姻と同様、夫婦共同生活と認められるような事実がなければなりません。

　　　なお、労災保険法の遺族補償給付では、内縁関係にある者を、「事実上婚姻関係と同様の事情にあった者」として、配偶者に含まれるものとして扱い、生計維持関係を前提に、遺族補償年金の給付の対象となっています。

示談の当事者

　　示談の相手先は、損害賠償請求権者です。労働災害により被災者が死亡したときの損害賠償請求権は誰になるのかという問題について、**判例の多くは、被害者本人が損害賠償請求権を取得し、相続人がこれを相続するという考え方に立って**

います。つまり、**損害賠償請求権者は相続人と同一ということになります。**

　ただし、死亡した被害者に生計維持関係にある内縁の妻がいた場合に、内縁の妻に対し、慰謝料や被害者が生存していたら得られたであろう生活費の賠償を認めた裁判例もありますので、完全に相続権の範囲と一致しているわけではありません。

　ご質問の場合は、内縁の妻と両親がいる訳ですから、両方を含めて示談することが必要です。ただし、「内縁」関係だと告げられただけで安直に示談交渉の相手方に含めるのではなく、その心情等にも配慮したうえで、具体的な内縁関係の実態についても話を聞かせてもらい、法的に「内縁」といえる程の関係性かどうかの確認をすることが重要になります。

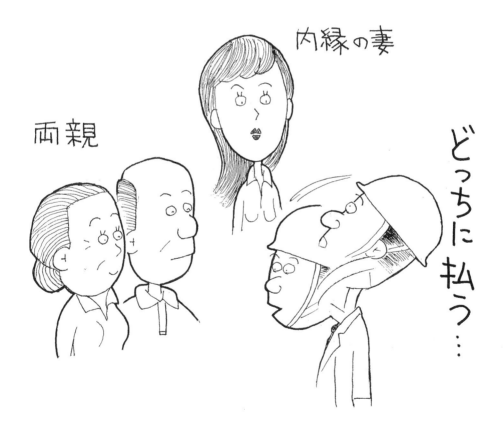

Q40 被災者が死亡しましたが、離婚した奥さんが引き取った子供への損害賠償は必要ですか。

A **損害賠償はしなければなりません。**

相続人は誰か

　相続とは、死亡した者が生前にもっていた財産上の権利・義務を配偶者・子などの親族が包括的に承継することをいいます。そして、労働災害で被災者が死亡した場合は、現在の判例・通説は、その損害賠償請求権は、被害者の相続人に相続されるとされています。ですから、示談の当事者も基本的には相続人となります。

　それでは、相続人は誰になるのでしょうか。民法では、相続人の範囲をきちんと定めています。これを法定相続人といいます。

　まず、前提として配偶者は、常に相続人になります。ただし、内縁の妻に相続権は認められていません。

　その上で、相続人の順位は以下のようになります。
- ○　第1順位　…　被相続人の子どもまたはその代襲者（子どもが相続発生時にすでに亡くなっている場合は、その子ども、すなわち孫になります。これを「代襲相続」といいます。なお、胎児も相続人になります）
- ○　第2順位　…　被相続人の直系尊属（父母、父母がすでに亡くなっている場合は、その父母、すなわち祖父母）
- ○　第3順位　…　被相続人の兄弟姉妹またはその代襲者（兄弟姉妹が亡くなっている場合は、その子ども、すなわち甥や姪）

　しかし、法定相続人だからといって、必ず相続できるとは限りません。

　先順位の人がいる場合は、後順位の人は相続できません。例えば、被相続人に子どもがいれば、配偶者のほかに、その子どもだけが相続人となり、父母や兄弟姉妹がいても、相続権はありません。

示談の当事者の確定

　以上のことを勘案した上で、ご質問を考えてみましょう。ご質問からはっきり分かりませんが、下図のような関係であったとします。この場合、**相続人は、現在の妻と離婚した奥さんの子供ということになり、離婚した奥さんとの間の子供にも補償が必要ということになります。当然、示談の当事者も現在の奥さんと離婚した前の奥さんの子供ということになります。**

示談における留意事項

　被災者や現在の奥さんが、離婚した奥さんとの子供とは音信不通であることもあります。示談が終わった後で、実子が現れ、損害賠償を請求するといったケースがあったら大変です。戸籍謄本等で調べても内縁関係にあった配偶者との間の子供については記載されていません。一応の歯止めとして、示談書に「万一将来、被災者と何らかの関係を有する者から、本件事故ならびに本示談に関し、異議申立て、請求等があった場合は、Ａ（等）の責任において解決し、X、Y、およびその従業員、発注者、その他工事関係者に対し、一切迷惑・負担をかけないことを確約する」との文言を入れることが必要になります。

労災保険の遺族補償一時金の受給権者と相続人が異なるのですが。

労災保険の受給権者以外の者からの損害賠償請求に対しても請求は認められるでしょう。

受給資格者と受給権者

遺族補償を受けることができる遺族を、受給資格者といいます。遺族補償は、すべての受給資格者に支給されるのではなく、受給資格者のうちで最も先の順位にある者（受給権者）にだけ支給されます。

労災保険の受給資格者と相続人

労災保険の遺族補償の受給権者と民法上の損害賠償請求権者の範囲とは異なっています。例えば、Q40のように、相続人として、現在の妻と離婚した前妻との間に子供がいた場合で、現在の妻との間には「生計維持関係」があり、前妻との間の子供とは生計維持関係になかったと想定すると、労災保険からの遺族補償は、現在の妻のみに給付されます。

また、内縁関係にある配偶者と両親がおり、内縁の妻には生計維持関係が認められ、両親には生計維持関係が認められない場合、労災保険法では、内縁の妻は、「事実上婚姻関係と同様の事情にあった者」に該当し、遺族補償年金の受給権者となり、両親は受給権者とはなりません。一方、民法では、内縁の妻には相続権を認めておらず、両親に相続権を認めています。

労災保険の給付は基本的に、稼得能力の喪失に対する給付であり、被災労働者の収入に最も依存していた者に遺族補償を受けさせようとしたことに起因しているからです。

別れた妻と子

労災受給の
内縁の妻

損害賠償請求と労災保険

　労災保険からの遺族補償等は、損害賠償額から控除できます。

　労働災害により被災者が死亡したときの損害賠償請求権は誰になるのかという問題について、判例の多くは、被災者本人が損害賠償請求権を取得し、相続人がこれを相続するという考え方に立っています。つまり、賠償請求権者は相続人と同一ということになります（132 ページ参照）。

示談における取扱い

　通常、示談金額を算定する場合は、損害賠償額全体を計算し、労災保険から控除できるものを控除して示談金額を算定します。そして、示談書には、「労災保険給付金のほか以下の金額を支払う」との文言を入れることが一般的に行われて

います。**労災保険からの支給制限を防ぐためです。**労災保険法 64 条 2 項は、被災した労働者もしくは遺族が保険給付を受けるべきときに、同一の事由について損害賠償を受けたときは、一定の基準で労災保険給付をしないことができる旨定めています。

　そのため、示談金の中に労災保険分が含まれるのか、それとも労災保険の受給を前提とし、労災保険でカバーできない残余部分を示談するのかの記載が重要となります。

　前述のように、労災保険の受給権者と相続人が異なる場合は、労災保険から受給できるのは受給権者だけになり、示談金として遺族に実際に支払われるのは労災給付を除いた金額になります。例えば、前述のケースで、損害額が 5,000 万円で、労災保険からは 2,000 万円の給付がある場合、示談金として実際に支払うのは 3,000 万円となります。遺族間で争いがない場合はよいのですが、仲が悪いような場合は、その配分についてもめることもよくあることです。

　このような場合は、**損害賠償額をどのように配分するのか遺族間の話合いで解決してもらい、事業主等は一切関与しないことがよいでしょう。**

　ただし、事業主としては、労災保険を控除しない損害額全体を配分する考え方は理解してもらえるように努めることが重要です。

実務編（シミュレーション）

ケーススタディ

死亡災害の場合

損害賠償額を算定する際、問題になるのが労災保険からの給付をどのように控除するかです。まず、労災保険は、遺族の状況により自ずと一時金の給付と年金の給付に分かれます（Q24 参照）。

年金の場合は、労災保険からの給付をどのような方法で控除するかにより、前払一時金の限度内（算定基礎日額の 1000 日分）で算定する方法と就労可能年数までの年金給付を計算して控除する方法があります。

最初に死亡災害の事例を次の 2 つに分けて、それぞれケーススタディで見ていきましょう。それぞれのケースは一般的な計算方法を示しています。

労災年金の対象遺族

```
┌ なし ………… 一時金     （死亡災害の事例）①
└ あり ………… 年金      （死亡災害の事例）②
```

事例

死亡災害の事例①　　一時金の場合

独身の型枠工 A は、墜落による労働災害により即死しました。示談のために資料を収集したところ次のようになりました。現時点（令和 3 年 1 月 30 日）での損害賠償額はいくらになるのでしょうか。なお、過失相殺はないものとします。

被災者（A）の状況

① 災害発生日：令和 3 年 1 月 25 日

② 生年月日：平成 6 年 1 月 1 日（27 歳）

③ 平均賃金：18,000 円

④ 家族：父　　昭和 41 年 1 月 1 日生（55 歳）生計維持関係なし

　　　　　母　　昭和 44 年 1 月 1 日生（52 歳）生計維持関係なし

　　　　　妹　　平成 11 年 1 月 1 日生（22 歳）生計維持関係なし

損害賠償額の算定

（1）逸失利益

　被災者の逸失利益は次のように算定します。

　まず、年収を計算します。このケースの場合は、平均賃金を365倍したものを年収としています。賞与がある場合は、被災前1年間の賞与を加えてください。

　　18,000 円 × 365 日 = 6,570,000 円

　次に逸失利益を計算します。逸失利益は、年収 ×（1 − 生活費控除率）× 中間利息控除率 = 逸失利益　で計算します。

　生活費控除率は、被災者が独身なので、50%としています。また、ライプニッツ係数は、就労可能年数が40年（67歳 − 27歳）なので、23.115を採用します。

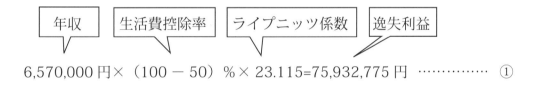

　　6,570,000 円 ×（100 − 50）% × 23.115 = 75,932,775 円　…………… ①

（2）慰謝料

　精神的損害として、慰謝料を算定します。慰謝料は、独身男子の場合の最下限の目安として、2,000万円としました。

　　慰謝料　　20,000,000 円　………………………………………………… ②

（3）労災保険給付額

　労災保険からは、労災補償年金の受給資格者がいないので、遺族補償一時金が支給されます。遺族補償一時金は給付基礎日額の1000日分が給付されます。また、社会復帰促進等事業から、遺族特別支給金として300万円が支給されます。特別支給金の遺族特別支給金が控除できるのか否かは、賛否両論がありますが、ここでは控除することとします。

遺族補償一時金　18,000 円× 1000 日 =18,000,000 円 ………………… ③

遺族特別支給金　　　　　　　　　　3,000,000 円 ………………… ④

（4）損害賠償額

損害賠償額は、逸失利益と慰謝料を合計し、労災保険、労災特別支給金からの給付を控除します。

（①＋②）－（③＋④）＝損害賠償額

（75,932,775 円＋ 20,000,000 円）－（18,000,000 円＋ 3,000,000 円）＝ 74,932,775 円

この結果、被災者Aさんの遺族に支払う損害賠償額は、**74,932,775 円**となりました。

事例

死亡災害の事例②　　　年金の場合

配偶者と2児の父親である鉄筋工Bは、機械に挟まれる労働災害により即死しました。示談のために資料を収集したところ次のようになりました。妻と子供とは同居しており、生計維持関係が認められますが、父母と姉は、郷里に住んでおり生計維持関係は認められません。現時点（令和3年1月30日）での損害賠償額はいくらになるのでしょうか。なお、過失相殺はないものとします。

被災者（B）の状況

①　災害発生日：令和3年1月10日

②　生年月日：昭和54年1月1日（42歳）

③　平均賃金：18,000円

④　遺族　：妻　　昭和59年1月1日生（37歳）生計維持関係あり

　　　　　　長男　平成16年1月1日生（17歳）生計維持関係あり

　　　　　　長女　平成19年1月1日生（14歳）生計維持関係あり

父　　昭和 29 年 1 月 1 日生（67 歳）生計維持関係なし

母　　昭和 31 年 1 月 1 日生（65 歳）生計維持関係なし

姉　　昭和 52 年 1 月 1 日生（44 歳）生計維持関係なし

損害賠償額の算定

（1）逸失利益

年収は、平均賃金の 1 年分（365 日）で計算します。

18,000 円 × 365 日 = 6,570,000 円

次に逸失利益の計算ですが、逸失利益は、

年収 ×（1 − 生活費控除率）− 労災年金 × 中間利息控除率 = 逸失利益

まず、生活費控除率は、被災者が一家の支柱で扶養家族が 2 人以上いるので、30 ％ としています。また、中間利息控除率はライプニッツ係数を採用し、ライプニッツ係数は、就労可能年数が 25 年（67 歳 − 42 歳）なので、17.413 になりますが、ここで問題となるのが、どのように労災年金を控除するかです。

{6,570,000 円 ×（100 − 30）％ − 労災年金} × 17.413

年金の当初の受給資格者は、妻、長男、長女になります。この年金は、受給資格者の年齢等の推移により次のように支給額が変化していきます。

①　長男が 18 歳の誕生日を迎える以後の最初の 3 月 31 日まで

当初、遺族補償年金の受給資格者は、妻、長男、長女の 3 人になります。

受給権者が 3 人の場合は、遺族補償年金は、給付基礎日額の 223 日分になります。（発生日の翌月から令和 4 年 3 月まで）

② 長女が18歳の誕生日を迎える以後の最初の3月31日まで

　　遺族補償年金の受給資格者は、妻、長女の2人になります。受給権者が2人の場合は、遺族補償年金は、給付基礎日額の201日分になります。（令和7年3月まで）

③ 妻が55歳の誕生日を迎える日まで

　　遺族補償年金の受給資格者は、妻1人になります。受給権者が妻だけで、55歳未満の場合は、遺族補償年金は、給付基礎日額の153日分になります。（令和20年12月まで）

④ 被災者の就労可能年数67歳の12月まで

　　遺族補償年金の受給資格者は、妻1人ですが、妻が55歳以上の場合は、遺族補償年金は、給付基礎日額の175日分になります。（令和28年12月まで）

（注）給付期間は死亡・婚姻等により配偶者の受給権が失権するまでです。

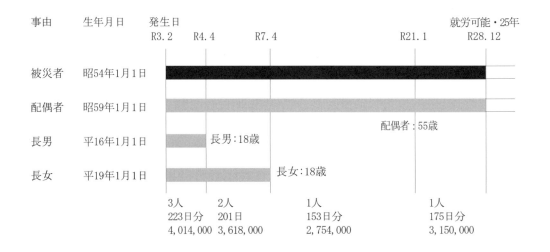

		年金給付日数	年金給付額	給付期間	給付総額
①の期間	R3.2 ～R4.3	223日	4,014,000	1年2カ月	4,683,000
②の期間	R4.4 ～R7.3	201日	3,618,000	3年0カ月	10,854,000
③の期間	R7.4 ～R20.12	153日	2,754,000	13年9カ月	37,867,500
④の期間	R21.1～R28.12	175日	3,150,000	8年0カ月	25,200,000
合　計				25年11カ月	78,604,500

※年金給付額＝年金給付日数×年金給付基礎日額

　すなわち、被災者の就労可能年数の 67 歳までに、労災保険から給付される年金の総額は、77,601,000 円となり、この金額を逸失利益から控除することになります。

　ところが、この年金額についても中間利息を控除することになりますので、実際の算定は次のようになります。

　①の期間（1 年 2 カ月）

| 年収 | 生活費控除額 | 年金額 | 1 年 2 カ月のライプニッツ係数 |

　{6,570,000 円×（100 － 30）% － 4,014,000} ×（1.128 － 0）＝
659,880 円

　②の期間（3 年 0 カ月）

| 4 年 2 カ月のライプニッツ係数 | 1 年 2 カ月のライプニッツ係数 |

　{6,570,000 円×（100 － 30）% － 3,618,000} ×（3.861 － 1.128）＝
2,681,073 円

　③の期間（13 年 9 カ月）

| 17 年 11 カ月のライプニッツ係数 | 4 年 2 カ月のライプニッツ係数 |

　{6,570,000 円×（100 － 30）% － 2,754,000} ×（13.705 － 3.861）＝
18,162,180 円

　④の期間（8 年 0 カ月）

| 25 年 11 カ月のライプニッツ係数 | 17 年 11 カ月のライプニッツ係数 |

　{6,570,000 円×（100 － 30）% － 3,150,000} ×（17.838 － 13.705）＝
5,988,717 円

①＋②＋③＋④

659,880 円＋ 2,681,073 円＋ 18,162,180 円＋ 5,988,717 円＝

27,491,850 円　…………………………………………………………………… ❶

慰謝料

　精神的損害として、慰謝料を算定します。慰謝料は、一家の支柱の場合の 2,800
万円としました。

　慰謝料　　28,000,000 円 ………………………………………………………… ❷

労災保険給付額

　　1　遺族補償年金　　　　　　逸失利益の部分で控除済み

　　2　遺族特別一時金　　　　　3,000,000 円 ………………………………… ❸

損害賠償額

　損害賠償額は、逸失利益と慰謝料を合計し、労災特別支給金からの給付を控除
します。

　　❶＋❷－❸＝損害賠償額

　　27,491,850 円＋ 28,000,000 円－ 3,000,000 円＝ 58,491,850 円

　この結果、被災者 B さんの遺族に支払う損害賠償額は、**58,491,850 円**となり
ました。

■ 障害を伴う災害の場合

　障害を伴う災害の場合は、労災保険からの給付は、障害の程度により自ずと一時金（障害等級8級〜14級）と年金（障害等級1級〜7級）に分かれます。

　年金の場合は、労災保険からの給付をどのような方法で控除するかにより、前払一時金の限度内（各等級に応じて算定基礎日額の200日分〜1340日分）で算定する方法と就労可能年数までの年金給付を計算して控除する方法に分かれます。

　　　　一時金（障害等級8級〜14級）　　　障害の事例①
　　　　年金（障害等級1〜7級）　　　　　障害の事例②

事例
障害の事例①

　独身の型枠工Cは、墜落による労働災害により左足指を全廃する障害を負いました。入院は30日間で、通院は30日間でした。その後は、軽作業をしていました。症状が固定したので、障害の認定を申請したところ障害等級9級に認定されました。この時点で示談しようと資料を収集したところ次のようになりました。

　現時点（令和3年6月20日）での損害賠償額はいくらになるのでしょうか。なお、過失相殺はないものとします。

　被災者（C）の状況
　　① 災害発生日：令和3年3月5日
　　② 生年月日：平成6年1月1日（27歳）
　　③ 平均賃金：18,000円
　　④ 症状固定日：令和3年5月30日
　　⑤ 障害認定日：令和3年6月10日
　　⑥ 障害等級：9級

損害賠償額の算定

（1）逸失利益

　逸失利益は、現在時点までのものと将来のものに分かれます。現在までの逸失利益（休業損害）は、次のようになります。

　① 現在までの逸失利益 （休業損害）

　被災者Ｃは、入院 30 日間、通院 30 日間の休業をしています。この間の逸失利益は次のように計算します。

平均賃金

18,000 円× 60 日＝ 1,080,000 円 ……………………………………………… ①

　しかし、労災保険からの休業補償給付や休業特別支給金が給付されるので、それを差し引きます。最初の 3 日間は事業主負担がありますので、実際に労災保険から給付されるのは、60 日－ 3 日、すなわち 57 日間になります。

休業補償給付

（60 日－ 3 日）× 18,000 円× 60％＝ 615,600 円 …………………… ②

休業特別支給金

（60 日－ 3 日）× 18,000 円× 20％＝ 205,200 円 …………………… ③

その結果、現在までの逸失利益は、次のようになります。

①－②－③＝ **259,200 円**……………………………………………… ④

　② 将来の逸失利益

　被災者Ｃの障害等級は 9 級と認定されていますので、9 級の労働能力喪失率をみると、35％となります（162 ページ）。つまり、障害がなかった場合を 100％とすると、この障害を負ったことにより、被災者Ｃの労働能力が 35％喪失し、残存している労働能力は 65％となります。また、ライプニッツ係数は、就労可能年数が 40 年（67 歳－ 27 歳）なので、23.115 を採用します。

$$6,570,000 円 × 0.35 × 23.115 = 53,152,943 円 \quad\cdots\cdots\cdots\cdots\cdots ⑤$$

年収・労働能力喪失率・ライプニッツ係数・逸失利益

障害補償給付は、障害等級9級の場合、年金給付基礎日額の391日分と定められてます。

$$18,000 円 × 391 日 = 7,038,000 円 \quad\cdots\cdots\cdots\cdots\cdots\cdots ⑥$$

さらに、社会復帰促進等事業からの障害特別支給金は、障害等級9級の場合、50万円と定められています。

$$500,000 円 \quad\cdots\cdots\cdots\cdots\cdots\cdots\cdots\cdots\cdots\cdots\cdots ⑦$$

その結果、将来の逸失利益は、次のようになります。

⑤－⑥－⑦＝将来の逸失利益

$$53,152,943 - 7,038,000 - 500,000 = \mathbf{45,614,943} \quad\cdots\cdots\cdots ⑧$$

（2）慰謝料

傷害（入通院）の慰謝料は、入院1カ月、通院1カ月の場合、77万円になります（167ページ参照）。

また、障害等級9級の慰謝料は、690万円とされているのでそれを採用します（158ページ参照）。

① 傷害の慰謝料　　　　770,000 円
② 後遺障害の慰謝料　6,900,000 円
　　計　　　　　**7,670,000** 円 $\cdots\cdots\cdots\cdots\cdots$ ⑨

（3）賠償額

④＋⑧＋⑨＝損害賠償額

$$259,200 円 + 45,614,943 円 + 7,670,000 円 = 53,544,143 円$$

この結果、被災者Cさんに支払う損害賠償額は、**53,544,143 円**となりました。

事例

障害の事例②

　鉄筋工Dは、機械に挟まれる労働災害により頸椎を損傷しました。1年間入院していましたが、車椅子を使用して生活できるようになったので医者は症状が固定したと判断し、障害の申請をしました。示談のために資料を収集したところ次のようになりました。現時点（令和4年6月30日）での損害賠償額はいくらになるのでしょうか。なお、過失相殺はないものとします。

　被災者（D）の状況
　　①　災害発生日：令和3年3月5日
　　②　生年月日：昭和50年1月1日（事故当時46歳）
　　③　平均賃金：18,000円
　　④　症状固定：令和4年4月6日
　　⑤　障害認定日：令和4年6月10日
　　⑥　障害等級：1級

損害賠償額の算定
　（1）逸失利益
　　逸失利益は、現在時点までのものと将来のものに分かれます。
　　現在までの逸失利益は、次のようになります。

　　①　現在までの逸失利益（休業損害）
　　　被災者Dは、1年間（365日）入院し、症状が固定していますので、その間の逸失利益は次のように計算します。

平均賃金

　　18,000円× 365日＝ 6,570,000円　……………………………………　①

　しかし、労災保険からの休業補償給付や休業特別支給金が給付されるので、それを差し引きます。最初の３日間は事業主負担がありますので、実際に労災保険から給付されるのは、365日－３日、すなわち362日間になります。

　　休業補償給付
　　（365日－３日）×18,000円×60％＝3,909,600円 ………………… ②
　　休業特別支給金
　　（365日－３日）×18,000円×20％＝1,303,200円 ………………… ③

　その結果、現在までの逸失利益（休業損害）は、次のようになります。
　　①－②－③＝**1,357,200円**………………………………………… ④

　　②　将来の逸失利益
　被災者Ｄの障害等級は１級と認定されていますので、１級の労働能力喪失率をみると、100％となります（162ページ）。また、示談当時の被災者Ｄの年齢は47歳なので、就労可能年数は20年（67歳－47歳）となります。就労可能年数が20年なのでライプニッツ係数は、14.877を採用します。
　ただし、被災者Ｄには労災補償年金が給付されます。障害補償年金は、障害等級１級の場合、年金給付基礎日額の313日分と定められてます。
　ところが、この年金額についても毎年、毎年控除し、中間利息も控除することになりますので、実際の算定は次のようになります。

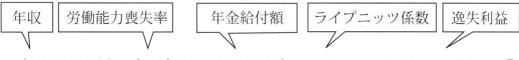

　　{6,570,000円×（100）％－5,634,000}×14.877＝13,924,872円 … ⑤

　さらに社会復帰促進等事業からは、障害特別支給金として、障害等級１級の場合、342万円が給付されます。

　　3,420,000円………………………………………………………… ⑥

　その結果、将来の逸失利益は、次のようになります。
　　⑤－⑥＝将来の逸失利益

$$13,924,872 - 3,420,000 = \textbf{10,504,872} \quad \cdots\cdots\cdots\cdots\cdots\cdots ⑦$$

（2）慰謝料

傷害（入通院）の慰謝料は、入院のみで 12 カ月の場合、321 万円になります（167 ページ参照）。

また、障害等級 1 級の慰謝料は、2,800 万円とされているのでそれを採用します（158 ページ参照）。

　　① 傷害の慰謝料 　　　　3,210,000 円　・・・・・・・・・・・・・・・・・ ⑧
　　② 後遺障害の慰謝料　　 28,000,000 円・・・・・・・・・・・・・・・・・ ⑨

　⑧＋⑨＝慰謝料

　3,210,000 ＋ 28,000,000 ＝ **31,210,000 円**　・・・・・・・・・・・・・・・ ⑩

（3）賠償額

　④＋⑦＋⑩＝損害賠償額

　1,357,200 円＋ 10,504,872 円＋ 31,210,000 円＝ 43,072,072 円

この結果、被災者 D さんに支払う損害賠償額は、**43,072,072 円** となりました。

解説編

1 用語の解説

損害賠償に関する用語の説明

（就労可能年数）

就労可能年数とは、事故にあわなかった場合、就労することができたであろう年数をいいます。就労可能年数は年齢別に定められており、54歳までの者は67歳までとなっていますが、55歳以上の者はそれぞれ別表に示す就労可能年数が適用されます。（参照：164ページ）

（給付基礎日額）

労災保険給付においては、療養（補償）給付および介護（補償）給付以外の保険給付は、原則として被災された方の稼得能力によって保険給付額が異なります。これは、労災保険が災害によって失われた稼得能力のてん補を目的とするからであり、具体的な保険給付額を算出する方法として、「給付基礎日額」というものを用います。

給付基礎日額とは、原則として労働基準法の平均賃金に相当する額をいいます。この平均賃金とは、原則として、業務上または通勤による負傷や死亡の原因となった事故が発生した日または医師の診断によって疾病の発生が確定した日（賃金締切日が定められているときは、その日の直前の賃金締切日）の直前3カ月間にその労働者に対して支払われた賃金の総額を、その期間の暦日数で割った1暦日当たりの賃金額のことです。

休業（補償）給付の額の算定の基礎として用いる給付基礎日額は、賃金水準に応じて改定（スライド）され、また、療養開始後1年6カ月を経過した場合は、年齢階層別の最低・最高限度額が適用されます。これを休業給付基礎日額といいます。

また、年金たる保険給付（傷病（補償）年金、障害（補償）年金および遺族（補償）年金）の額の算定の基礎として用いる給付基礎日額についても、賃金水準に応じて改定（スライド）され、年齢階層別の最低・最高限度額の適用があります。これを年金給付基礎日額といいます。なお、年齢階層別の最低・最高限度額は、年金が支給される最初の月から適用されます。

（算定基礎日額）

　算定基礎日額とは、原則として、業務上または通勤による負傷や死亡の原因である事故が発生した日または診断によって病気にかかったことが確定した日以前１年間にその労働者が事業主から受けた特別給与の総額を算定基礎年額として 365 で割って得た額です。

　特別給与の総額が給付基礎年額（給付基礎日額 365 倍に相当する額）の 20％に相当する額を上回る場合には、給付基礎年額の 20％に相当する額が算定基礎年額となります。ただし、150 万円が限度額です。

　なお、特別給与とは、給付基礎日額の算定の基礎から除外されているボーナスなど３カ月をこえる期間ごとに支払われる賃金をいい、臨時に支払われた賃金は含まれません。

（年金給付基礎日額）

　労災保険における各種保険給付は、原則として給付基礎日額をもとに算定されますが、年金の給付については、年齢階層ごとに最低限度額、最高限度額が設けられており、

　①　最低限度額を下回る場合にはその最低限度額を

　②　最高限度額を上回る場合にはその最高限度額を

　③　最低限度額と最高限度額の範囲内にある場合には当該額を

年金給付基礎日額とします。

　この場合の年齢は、被災者の治ゆ日からさかのぼって８月１日現在の年齢が適用されます。

　この年金給付基礎日額の最低限度額、最高限度額は毎年８月に改定されます。

（年収）

　障害、死亡の逸失利益の算定では通常年収を基礎として計算しますが、この場合の年収は、事故前の１年間の収入のことを示します。

　建設業界では、平均賃金を 365 倍して計算する方法が一般的に用いられています。また、賞与がある場合は、それを含めて計算します。

（生計維持）

　遺族補償年金の受給者の範囲は、労働者の死亡の当時その収入によって生計を維持していることが前提になりますが、その認定は、次の要素を考慮して行われ

ます。

① 労働者の収入によりもっぱら生計を営んでいたことを要せず、労働者の収入によって消費生活の一部を営んでいた場合も含まれる。したがって、共稼ぎの場合や、親元に生計の一部とするに足る送金をしている場合も含まれる。

② 労働者の収入には、賃金収入のほか、休業補償給付などの労災保険給付その他社会保険給付など、収入のすべてが含まれる。

③ 次の場合にも、生計維持関係が「常態であった」と認められる。

○ 労働者の死亡当時において、業務外の疾病その他の事情により、生計維持関係が失われていても、それが一時的な事情によるものであることが明らかな場合

○ 労働者の収入により生計を維持することとなった後、まもなく労働者が死亡した場合であっても、生存したとすれば、特別の事情がないかぎり生計維持関係が存続するに至ったであろうと推定しうる場合

○ 労働者がその就職後きわめて短期間の間に死亡したためその収入により遺族が生計を維持するに至らなかった場合であっても、労働者が生存していたとすれば生計維持関係がまもなく常態となるに至ったであろうことが、賃金支払事情等から明らかに認められる場合

（生活費控除率）

損害賠償額を計算する際、被災者が死亡している場合には生活費を控除することになります。これは、仮に被災者が死亡しないで生存していたなら、将来にわたってその人自身の生活費が当然支出されるわけですから、逸失利益の算出の際にその人の生活費を相殺しなければ生活費分だけ得をすることになるからです。

生活費の占める割合は、当然個人個人により差異がありますが、民事交通事故訴訟の損害賠償額算定基準（通称赤本）の算定基準を掲載しますので参考にしてください。

```
    一家の支柱の場合    ①被扶養者１人の場合 ………… 40％
                        ②被扶養者２人以上の場合 …… 30％
    男性（独身、幼児等を含む）の場合…………………… 50％
    女性（主婦、独身、幼児等を含む）の場合………… 30％
```

（中間利息控除率）

　将来の損害に対しては、本来毎年または毎月ごとに補填されなくてはなりませんが、現実には将来分をまとめて支払っています。この場合、将来に渡って長い年月をかけて得る金銭を現時点で一度に支払ってもらうことになるので、その間の中間利息を控除しなければ公平を欠くことになります。

　そこで、将来の逸失利益を算定する際、年3％の法定利率で中間利息を控除することができます。

　中間利息の控除方法として一般的に使用されている計算方法には、1年ごとに中間利息を単利として差し引く新ホフマン式計算法、中間利息を複利で一括して計算するライプニッツ式計算法等がありますが、交通事故に関しては、実務上ライプニッツ式計算法を採用することになっており、労働災害の場合にもライプニッツ式計算法でよいでしょう。

（慰謝料）

　労働災害の損害賠償額のうち、慰謝料は、精神的にこうむった苦痛に対する損害賠償であり、金銭で評価するのが難しい非財産的損害であるため法的に準拠できる明確な算定方法や標準はありません。

　慰謝料の額は具体的な事情を考慮しなければなりませんが、民事交通事故訴訟の損害賠償額算定基準（通称赤本）に一応の目安金額が示されていますので参考にしてください。

①　死亡の慰謝料

　　死亡の場合の慰謝料は、被災者が一家の支柱、18歳未満（有職者を除く）、高齢者、独身等に区分して、目安の金額を定め、具体的事項を斟酌して増減しています。

一家の支柱	2,800万円
母親、配偶者	2,500万円
その他	2,000万円～2,500万円

②　後遺症（障害）の慰謝料

　　後遺症の慰謝料は、後遺障害別等級（次表）に区分して、目安の金額を定

めています。それに、障害の部位・程度、被害者の年齢・性別・職業、地域差、逸失利益の額、家族生活に及ぼす影響等のほか、裁判の動向を勘案して金額を増減します。

第1級	第2級	第3級	第4級	第5級	第6級	第7級
2,800万円	2,370万円	1,990万円	1,670万円	1,400万円	1,180万円	1,000万円
第8級	第9級	第10級	第11級	第12級	第13級	第14級
830万円	690万円	550万円	420万円	290万円	180万円	110万円

③　傷害（入院等）の慰謝料

　　傷害の慰謝料は、一般的には、入院期間、通院期間別に、上表に従い算定しますが、被害者の年齢・性別・職業、地域差のほか、裁判の動向を勘案して金額を増減します。

（逸失利益）

　逸失利益とは、事故がなければ得られたであろう利益のことであり、一般的に得べかりし利益といわれています。休業、障害、死亡に対しての逸失利益は次のように算出されます。

①　休業の逸失利益（休業損害）
　　災害前の平均賃金×休業日数＝逸失利益

②　障害の逸失利益
　　年収×労働能力喪失率×労働能力喪失期間の中間利息控除係数＝逸失利益

③　死亡の逸失利益
　　{年収×（1－生活費控除率）－労災年金}×中間利息控除係数＝逸失利益

（損益相殺）

　被災者が損害を受けたことにより、将来の支出をまぬがれ、あるいは利益を受ける場合は損害賠償額から当該金額を控除することができます。
①　死亡災害にかかる逸失利益では、将来の生活費を相殺することができます。
　　（生活費控除参照）

②　労災保険の給付金は相殺することができます。なお、社会復帰促進等事業の特別支給金を控除できるか否かについては諸説があります。

③　通常の香典、見舞金は、相殺することはできませんが、高額の見舞金等は損害賠償の一部として相殺することができます。

（過失相殺）

　労働災害の被災者に過失があるときは、損害賠償を減額することができます。これは、わが国の民法が損害賠償について、損害賠償の請求者である被害者にも過失がある場合には、被害者側の過失も考慮する仕組みをとっているからです（民法 418 条、722 条 2 項参照）。

　実際に損害賠償額を計算する場合に問題になるのが、過失相殺は労災保険給付金等を損益相殺する前に行うか（控除前過失相殺説）、それとも労災保険給付金等を損益相殺後に行うのか（控除後過失相殺説）ということです。

　すなわち、損害賠償額の計算式は、

　前者は、損害金×過失相殺の割合－労災保険給付金等

　後者は、（損害金－労災保険給付金等）×過失相殺の割合

の算定式となり、損害賠償額に差異がでます。裁判例は概ね前者の考えに沿うものが多く、過失相殺後の損害賠償額から労災保険給付金額を控除する（＝過失相殺は労災保険給付額を控除する前に行う）という考え方に従っておけばよいでしょう。

　また、過失相殺の割合をどの程度にするのかも問題になります。どの程度の過失割合があるのかの尺度は明確には定められていませんが、本編 37 ページに判例の一覧表が掲載されていますので参考にしてください。

参考：

民法 418 条：債務の不履行又はこれによる損害の発若しくは拡大に関して債権者に過失があったときは、裁判所は、これを考慮して、損害賠償の責任及びその額を定める。

722 条 2 項：被害者に過失があったときは、裁判所は、これを考慮して、損害賠償の額を定めることができる。

（損害賠償）

　労働災害の民事損害賠償は、被災者、家族、遺族等が労災保険の給付以外に民法等の請求規定に基づいて、使用者や直接の加害者等に対して損害賠償を求めることをいいます。

　この場合、労働災害の被害は、生命や身体に係わる被害で物品等のように代替品または原状回復等の賠償方法が不可能なので、基本的には金銭賠償の方法によることになります。

　労働災害の損害は、大別すると次のようになります。

財産的損害	積極的損害	治療費、入院費用等現実に支出を余儀なくされた損害
	消極的損害	逸失利益、休業損害等喪失した所得としての損害
精神的損害		慰謝料

　このうち、労災保険からの給付金は、労働基準法に定められている事業主の災害補償義務を肩代わりするもので、労災給付があるときはその支給額の限度で事業主は損害賠償の義務を免ずることが認められています。

　なお、慰謝料については労災保険の対象にはなっていないため、慰謝料については労災保険からは填補されず、事業主等に対して別途直接請求をすることになります。

　また、治療費、入院費用等に関する損害賠償の範囲は、概ね医療上の必要性、被害者の身分や通常価格からの相当性、社会的や科学的な合理性の３点を基準として判断されます。

（賃金センサス）

　賃金センサスとは、わが国の賃金に関する統計として、最も規模の大きい「賃金構造基本統計調査」を取りまとめたものです。この調査は、主要産業に雇用される常用労働者について、その賃金の実態を労働者の種類、職種、性、年齢、学歴、勤続年数、経験年数別等に明らかにし、わが国の賃金構造の実態を詳細に把握することを目的として、昭和23年から毎年実施されています。

　未就労の幼児や子供、あるいは学生、主婦の死亡や後遺障害の逸失利益につい

ては、実際の所得がない、あるいは実際の所得が非常に低額であるという問題が発生します。この場合に用いるのが賃金センサスです。

賃金センサスには、全年齢平均、学歴別平均、職種別平均、年齢別平均などの平均賃金が示されており、どの平均を使用するかは、被災者の立場や状況により異なります。

（社会復帰促進等事業）

労災保険は、「業務上の事由又は通勤による労働者の負傷、疾病、障害、死亡等に対して迅速かつ公正な保護をするため、必要な保険給付を行い、あわせて、業務上の事由又は通勤により負傷し、又は疾病にかかった労働者の社会復帰の促進、当該労働者及びその遺族の援護、労働者の安全及び衛生の確保等を図り、もつて労働者の福祉の増進に寄与すること」（1条）を目的とし、この目的を達成するため、「業務上の事由又は通勤による労働者の負傷、疾病、障害、死亡等に関して保険給付を行うほか、社会復帰促進等事業を行うことができる」（2条の2）としています。

社会復帰促進等事業の種類として、次のものがあります。
① 社会復帰促進事業
② 被災労働者等援護事業
　　（具体的な事業としての特別支給金については 112 ページの表参照）
③ 安全衛生確保等事業

（治ゆ）

治ゆとは、「病気やケガがなおること」ですが、どういう状態になったら「なおった」ことになるのかが問題になります。特に労災保険では、治ゆしたことを条件として、障害請求をすることになりますので、治ゆは厳密に考える必要があります。労災保険で、治ゆとは、「①負傷にあっては、創面が癒着して、その症状が安定し医療効果がもはや期待できなくなった状態、②疾病にあっては急性症状が消退し、慢性症状は持続していても、その症状が安定し医療効果がこれ以上期待し得ない状態になったとき」としています（昭和23.1.13　基災発第3号）。

つまり、労災保険の治ゆの概念は傷病の全治を意味しているのでなく、傷病が治っていなくても、その症状が固定（安定）した場合、またはこれ以上の治療効果が得られない場合も治ゆに該当します。傷病が治ゆしたか否かは、労災（指定）病院の主治医が判断し、政府がそれを認定することによって成立します。

（前払一時金）

　労災保険の、障害補償年金や遺族補償年金には、前払一時金制度があります。前払一時金制度とは、被災労働者において障害が認定される際、あるいは遺族に対して、一時的に出費が嵩むことを鑑みて、ある一定額を前払いの形で支給するものです。

　前払一時金の額は、別表（170ページ参照）のとおりですが、年金の前払を希望される場合は、当該症状が治ゆした日の翌日から2年以内で、かつ、年金の支給決定通知を受けた日の翌日から1年以内に請求しなければなりません。また、前払一時金の支払いを受けますと、年金は、支払いを受けるべき年金の額（年利5％の利息相当分割引）の合計額が、前払一時金の額に達するまでの間支給されません。

（葬祭料）

　遺族が葬祭を行った場合、葬儀費用は、損害賠償額として請求できます。損害賠償としての葬儀費用の額は、原則として150万円（ただし、これを下回る場合には実際に支出した金額）としています。また、労災保険から、葬祭料として葬儀を執行したものに、①315,000円＋給付基礎日額の30日分、②給付基礎日額の60日分のいずれか高い方が支給されます。

（労働能力喪失率）

　労働能力喪失率とは、労働能力を喪失した割合です。後遺障害等級に応じて下表のように定まっていますが、その率は上限であり、障害の程度や生活状況などを総合的に勘案して決定されます。

　一般的には、障害者の労働能力の低下は、労災保険の障害等級に応じて下表の労働能力喪失表を参考にして算出します。

障害等級	労働能力喪失率	障害等級	労働能力喪失率
第1級	100／100	第8級	45／100
第2級	100／100	第9級	35／100
第3級	100／100	第10級	27／100
第4級	92／100	第11級	20／100
第5級	79／100	第12級	14／100
第6級	67／100	第13級	9／100
第7級	56／100	第14級	5／100

（相続人）

　被相続人の財産上の地位を承継する者のことを相続人といいます。相続人となる者は、被相続人の子・直系尊属・兄弟姉妹および配偶者となっています。相続の順位は、遺言がない場合、次のようになります。

　まず、前提として配偶者は、常に相続人になります。ただし、内縁の配偶者は相続人とはなりません。

　その上で、相続人の順位は以下のようになります。

　　○　第1順位…　被相続人の子どもまたはその代襲者（子どもがすでに亡くなっている場合は、その子ども、すなわち孫になります。これを「代襲相続」といいます。なお、胎児も相続人になります）

　　○　第2順位…　被相続人の直系尊属（父母、父母がすでに亡くなっている場合は、その父母、すなわち祖父母）

　　○　第3順位…　非相続人の兄弟姉妹またはその代襲者（兄弟姉妹が亡くなっている場合は、その子ども、すなわち甥や姪）

2 参考資料

■ 就労可能年数とライプニッツ係数表（18歳以上の者に適用する表）

年齢	就労可能年数	ライプニッツ係数	年齢	就労可能年数	ライプニッツ係数
歳	年		歳	年	
18	49	25.502	60	12	9.954
19	48	25.267	61	11	9.253
20	47	25.025	62	11	9.253
21	46	24.775	63	10	8.530
22	45	24.519	64	10	8.530
23	44	24.254	65	10	8.530
24	43	23.982	66	9	7.786
25	42	23.701	67	9	7.786
26	41	23.412	68	8	7.020
27	40	23.115	69	8	7.020
28	39	22.808	70	8	7.020
29	38	22.492	71	7	6.230
30	37	22.167	72	7	6.230
31	36	21.832	73	7	6.230
32	35	21.487	74	6	5.417
33	34	21.132	75	6	5.417
34	33	20.766	76	6	5.417
35	32	20.389	77	5	4.580
36	31	20.000	78	5	4.580
37	30	19.600	79	5	4.580
38	29	19.188	80	5	4.580
39	28	18.764	81	4	3.717
40	27	18.327	82	4	3.717
41	26	17.877	83	4	3.717
42	25	17.413	84	4	3.717
43	24	16.936	85	3	2.829
44	23	16.444	86	3	2.829
45	22	15.937	87	3	2.829
46	21	15.415	88	3	2.829
47	20	14.877	89	3	2.829
48	19	14.324	90	3	2.829
49	18	13.754	91	2	1.913
50	17	13.166	92	2	1.913
51	16	12.561	93	2	1.913
52	15	11.938	94	2	1.913
53	14	11.296	95	2	1.913
54	14	11.296	96	2	1.913
55	14	11.296	97	2	1.913
56	13	10.635	98	2	1.913
57	13	10.635	99	2	1.913
58	12	9.954	100	2	1.913
59	12	9.954	101〜	1	0.971

（注）　1.18歳未満の有職者および家事従事者ならびに18歳以上の者の場合の就労可能年数については、
　　　　（1）52歳未満の者は、67歳とその者の年齢との差に相当する年数とした。
　　　　（2）52歳以上の者は、男または女の平均余命のうちいずれか短い平均余命の $\frac{1}{2}$ の年数とし、その年数に1年未満の端数があるときは、これを切り上げた。
　　　2.18歳未満の者（有職者および家事従事者を除く）の場合の就労可能年数およびライプニッツ係数は次のとおりとした。
　　　　（1）就労可能年数　67歳（就労の終期）とその者の年齢との差に相当する年数から18歳（就労の始期）とその者の年齢との差に相当する年数を控除したもの
　　　　（2）就ライプニッツ係数　67歳（就労の終期）とその者の年齢との差に相当する年数に対応するライプニッツ係数から18歳（就労の始期）とその者の年齢との差に相当する年数に対応するライプニッツ係数を控除したもの

■ 就労可能年数とライプニッツ係数表（18歳未満の者に適用する表）

年齢	幼児・児童・生徒・学生・右欄以外の働く意思と能力を有する者		有職者	
	就労可能年数	ライプニッツ係数	就労可能年数	ライプニッツ係数
歳	年		年	
0	49	14.980	67	28.733
1	49	15.429	66	28.595
2	49	15.892	65	28.453
3	49	16.369	64	28.306
4	49	16.860	63	28.156
5	49	17.365	62	28.000
6	49	17.886	61	27.840
7	49	18.423	60	27.676
8	49	18.976	59	27.506
9	49	19.545	58	27.331
10	49	20.131	57	27.151
11	49	20.735	56	26.965
12	49	21.357	55	26.774
13	49	21.998	54	26.578
14	49	22.658	53	26.375
15	49	23.338	52	26.166
16	49	24.038	51	25.951
17	49	24.759	50	25.730

※新ホフマン係数は、2002年4月1日から国土交通省の告示第1号により削除されている。

■　民法の定める親族の範囲

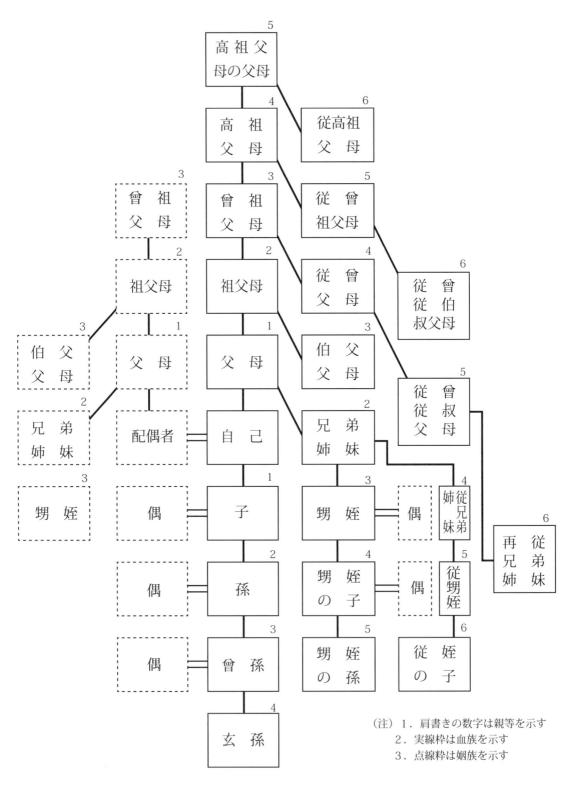

（注）１．肩書きの数字は親等を示す
　　　２．実線枠は血族を示す
　　　３．点線枠は姻族を示す

■ 損害賠償額算定基準（民事交通事故訴訟）

A表　　入・通院慰謝料

（単位：万円）

通院＼入院	A／B	1月	2月	3月	4月	5月	6月	7月	8月	9月	10月	11月	12月	13月	14月	15月
	A	53	101	145	184	217	244	266	284	297	306	314	321	328	334	340
1月	28	77	122	162	199	228	252	274	291	303	311	318	325	332	336	342
2月	52	98	139	177	210	236	260	281	297	308	315	322	329	334	338	344
3月	73	115	154	188	218	244	267	287	302	312	319	326	331	336	340	346
4月	90	130	165	196	226	251	273	292	306	316	323	328	333	338	342	348
5月	105	141	173	204	233	257	278	296	310	320	325	330	335	340	344	350
6月	116	149	181	211	239	262	282	300	314	322	327	332	337	342	346	
7月	124	157	188	217	244	266	286	304	316	324	329	334	339	344		
8月	132	164	194	222	248	270	290	306	318	326	331	336	341			
9月	139	170	199	226	252	274	292	308	320	328	333	338				
10月	145	175	203	230	256	276	294	310	322	330	335					
11月	150	179	207	234	258	278	296	312	324	332						
12月	154	183	211	236	260	280	298	314	326							
13月	158	187	213	238	262	282	300	316								
14月	162	189	215	240	264	284	302									
15月	164	191	217	242	266	286										

注　通院のみ3カ月なら73万円、入院のみ3カ月なら145万円、入院3カ月後に通院3カ月なら188万円となります。この表に記載された範囲を超えて治療が必要であった場合は、入・通院期間1月につき、それぞれ15月の基準額から14月の基準額を引いた金額を加算した金額を基準額とする。例えばA表の16月の入院慰謝料額は340万円＋（340万円−334万円）＝346万となる。

B表　　入・通院慰謝料

（単位：万円）

通院＼入院	A／B	1月	2月	3月	4月	5月	6月	7月	8月	9月	10月	11月	12月	13月	14月	15月
	A	35	66	92	116	135	152	165	176	186	195	204	211	218	223	228
1月	19	52	83	106	128	145	160	171	182	190	199	206	212	219	224	229
2月	36	69	97	118	138	153	166	177	186	194	201	207	213	220	225	230
3月	53	83	109	128	146	159	172	181	190	196	202	208	214	221	226	231
4月	67	95	119	136	152	165	176	185	192	197	203	209	215	222	227	232
5月	79	105	127	142	158	169	180	187	193	198	204	210	216	223	228	233
6月	89	113	133	148	162	173	182	188	194	199	205	211	217	224	229	
7月	97	119	139	152	166	175	183	189	195	200	206	212	218	225		
8月	103	125	143	156	168	176	184	190	196	201	207	213	219			
9月	109	129	147	158	169	177	185	191	197	202	208	214				
10月	113	133	149	159	170	178	186	192	198	203	209					
11月	117	135	150	160	171	179	187	193	199	204						
12月	119	136	151	161	172	180	188	194	200							
13月	120	137	152	162	173	181	189	195								
14月	121	138	153	163	174	182	190									
15月	122	139	154	164	175	183										

B表は他覚症状に乏しいむちうち症等に適用する。

■ 任意保険による慰謝料支払基準例

入通院慰謝料例

通院 \ 入院	A/B	1月	2月	3月	4月	5月	6月	7月	8月	9月	10月	11月	12月	13月	14月	15月
		25.2	50.4	75.6	95.8	113.4	128.6	141.2	152.4	162.6	170.2	177.6	184.0	189.0	192.8	196.6
1月	12.6	37.8	63.0	85.6	104.7	120.9	134.9	147.4	157.6	167.6	173.9	180.1	186.5	191.5	196.3	199.1
2月	25.2	50.4	73.0	94.6	112.2	127.2	141.2	152.5	162.6	171.4	176.4	182.6	189.0	194.0	197.8	201.6
3月	37.8	60.4	82.0	102.0	118.5	133.5	146.3	157.6	166.4	173.9	178.9	185.1	191.5	196.5	200.3	204.1
4月	47.8	69.4	89.4	108.4	124.8	138.6	151.3	161.3	163.8	176.4	181.4	187.6	194.0	199.0	202.8	206.6
5月	56.8	76.8	95.8	114.6	129.9	143.6	155.1	163.8	171.4	178.9	183.9	190.1	196.5	201.5	205.3	209.1
6月	64.2	83.2	102.0	119.8	134.9	147.4	157.6	166.3	173.9	181.4	185.4	192.6	199.0	204.0	207.8	
7月	70.6	89.4	107.2	124.3	136.7	149.9	160.1	168.8	176.4	183.9	188.9	195.1	201.5	206.5		
8月	76.8	94.6	112.2	128.6	141.2	152.4	162.6	171.3	178.9	186.4	191.4	197.6	204.0			
9月	82.0	99.6	116.0	131.1	143.7	154.9	165.1	173.8	181.4	188.9	193.9	200.1				
10月	87.0	103.4	118.5	133.6	146.2	157.4	167.6	176.3	183.9	191.4	196.4					
11月	90.8	105.9	121.0	136.1	148.7	159.9	170.1	178.8	186.4	193.9						
12月	93.3	108.4	123.5	138.6	151.2	162.4	172.6	181.3	188.9							
13月	95.8	110.9	126.0	141.1	153.7	164.9	175.1	183.8								
14月	98.3	113.4	128.5	143.6	156.2	167.4	177.6									
15月	100.8	115.9	131.0	146.1	158.7	169.9										

後遺障害慰謝料（任意保険基準）

第1級	第2級	第3級	第4級	第5級	第6級	第7級
1,900万円	1,500万円	1,250万円	950万円	750万円	600万円	500万円
第8級	第9級	第10級	第11級	第12級	第13級	第14級
400万円	300万円	200万円	150万円	100万円	60万円	40万円

後遺障害慰謝料（弁護士基準）

第1級	第2級	第3級	第4級	第5級	第6級	第7級
2,800万円	2,370万円	1,990万円	1,670万円	1,400万円	1,180万円	1,000万円
第8級	第9級	第10級	第11級	第12級	第13級	第14級
830万円	690万円	550万円	420万円	290万円	180万円	110万円

死亡慰謝料例

1	死亡慰謝料
一家の支柱	2,000万円
18歳未満の無職者	1,500万円
高齢者	1,450万円
その他	1,600万円

■　労災保険と社会保険の調整表

併給される 新厚生年金等	労災保険の年金 たる保険給付	障害補償 年金障害 年金	遺族補償 年金遺族 年金	傷病補償 年金傷病 年金	備考
①　別表第1第 1号 新厚生年金＋ 新国民年金	障害厚生年金 および障害基 礎年金	0.73		0.73	新労災 令附則第 17項
	遺族厚生年金 および遺族基 礎年金または 寡婦年金	—	0.80	—	
②　別表第1第 2号 新厚生年金	障害厚生年金	0.83	—	0.88	新労災 令附則第 21項
	遺族厚生年金	—	0.84	—	
③　別表第1第 3号 新国民年金	障害基礎年金	0.88	—	0.88	新労災 令附則第 25項
	遺族基礎年金 または寡婦年 金	—	0.88	—	

■　労災保険給付一覧表

保険給付の種類		こういうときは	保附給付の内容	特別支給金の内容
療養補償給付 療養給付		業務災害または通勤災害による傷病により療養するとき（労災病院や労災指定医療機関等で療養を受けるとき）	必要な療養の給付	
		業務災害または通勤災害による傷病により療養するとき（労災病院や労災指定医療機関等以外で療養を受けるとき）	必要な療養費の全額	
休業補償給付 休業給付		業務災害または通勤災害による傷病の療養のため労働することができず、賃金を受けられないとき	休業4日目から、休業1日につき給付基礎日額の60％相当額	休業4日目から、休業1日につき給付基礎日額の20％相当額
障害補償給付	障害補償年金 障害年金	業務災害または通勤災害による傷病が治った後に障害等級第1級から第7級までに該当する障害が残ったとき	障害の程度に応じ、給付基礎日額の313日分から131日分の年金	（障害特別支給金）障害の程度に応じ342万円から159万円までの一時金 （障害特別年金）障害の程度に応じ、算定基礎日額の313日分から131日分の年金
	障害補償年金 障害年金	業務災害または通勤災害による傷病が治った後に障害等級第8級から第14級までに該当する障害が残ったとき	障害の程度に応じ、給付基礎日額の503日分から56日分の一時金	（障害特別支給金）障害の程度に応じ65万円から8万円までの一時金 （障害特別年金）障害の程度に応じ、算定基礎日額の503日分から56日分の一時金

遺族補償給付	遺族補償年金遺族年金	業務災害または通勤災害により死亡したとき	遺族の数等に応じ、給付基礎日額の 245 日分から 153 日分の年金	（遺族特別支給金）遺族の数にかかわらず、一律 300 万円（遺族特別年金）遺族の数等に応じ、算定基礎日額の 245 日分から 153 日分の年金
	遺族補償一時金遺族一時金	①　遺族（補償）年金を受け取る遺族がいないとき②　遺族（補償）年金を受けている方が失権し、かつ、他に遺族（補償）年金を受け得る者がない場合であって、すでに支給された年金の合計額が給付基礎日額の 1000 日分に満たないとき	給付基礎日額の 1000 日分の一時金（ただし②の場合は、すでに支給した年金の合計額を差し引いた額）	（遺族特別支給金）遺族の数にかかわらず、一律 300 万円（遺族特別一時金）算定基礎日額の 1000 日分の一時金（ただし②の場合は、すでに支給した特別年金の合計額を差し引いた額）
	葬儀料葬祭給付	業務災害または通勤災害により死亡した方の葬祭を行うとき	315,000 円に給付基礎日額の 30 日分を加えた額（その額が給付基礎日額の 60 日分に満たない場合は、給付基礎日額の 60 日分）	
	傷病補償年金傷病年金	業務災害または通勤災害による傷病が療養開始後 1 年 6 カ月を経過した日または同日後において次の各号のいずれにも該当することとなったとき①傷病が治っていないこと②傷病による障害の程度が傷病等級に該当すること	障害の程度に応じ、給付基礎日額の 313 日分から 245 日分の年金	（傷病特別支給金）障害の程度により 114 万円から 100 万円までの一時金（傷病特別年金）障害の程度により算定基礎日額の 313 日分から 245 日分の年金

介護補償給付	障害（補償）年金または傷病（補償）年金受給者のうち第１級の者または第２級の者（精神神経の障害および胸腹部臓器の障害の者）であって、現に介護を受けているとき	常時介護の場合は、介護の費用として支出した額（ただし、165,150円を上限とする）。ただし、親族等により介護を受けており介護費用を支出していないか、支出した額が70,790円を下回る場合は70,790円。随時介護の場合は、介護の費用として支出した額（ただし、82,580円を上限とする）。ただし、親族等により介護を受けており介護費用を支出していないか、支出した額が35,400円を下回る場合は35,400円。	

令和２年３月31日から６カ月以内の政令で定める日から、上記の給付に加え、「複数業務要因災害に対する保険給付（ダブルワーカーが被災した場合の補償）」が新設されます。その内容は、上表に準じるとされています。

■ 遺族補償給付と特別支給金額表

A 年金額

遺族の人数		遺族補償年金または遺族年金	遺族特別年金
1人	a. 次のb以外の場合	給付基礎日額の153日分 （給付基礎年額の約42%）	算定基礎日額の153日分 （算定基礎年額の約42%）
	b. 遺族が55歳以上の妻、または一定の傷害状態にあるの妻	〃 日額の175日分 （ 〃 年額の約48%）	〃 日額の175日分 （ 〃 年額の約48%）
2 人		〃 日額の201日分 （ 〃 年額の約55%）	〃 日額の201日分 （ 〃 年額の約55%）
3 人		〃 日額の223日分 （ 〃 年額の約61%）	〃 日額の223日分 （ 〃 年額の約61%）
4 人 以 上		〃 日額の245日分 （ 〃 年額の約67%）	〃 日額の245日分 （ 〃 年額の約67%）

B 一時金

遺族補償一時金……給付基礎日額の1000日分

遺族特別一時金……算定基礎日額の1000日分

遺族特別支給金……300万円

葬祭料（または葬祭給付）……315,000円＋給付基礎日額の30日分
　　　　　　　　　　　　　　または給付基礎日額の60日分、のいずれか高い方

■ 労災年金給付等に係る給付基礎日額の年齢階層別の最低・最高限度額

（R1.8.1～R2.7.31に適用されるもの）

年齢階層の区分	最低限度額	最高限度額
20歳未満	4,977円	13,330円
20歳以上25歳未満	5,538円	13,330円
25歳以上30歳未満	6,046円	14,144円
30歳以上35歳未満	6,469円	17,089円
35歳以上40歳未満	6,777円	19,303円
40歳以上45歳未満	7,025円	21,216円
45歳以上50歳未満	7,080円	23,245円
50歳以上55歳未満	6,989円	25,480円
55歳以上60歳未満	6,537円	25,492円
60歳以上65歳未満	5,310円	20,493円
65歳以上70歳未満	3,970円	14,967円
70歳以上	3,970円	13,330円

主要参考文献

1. 加藤雅信「新民法体系　事務管理・不当利得・不法行為第2版」(有斐閣　2005年)
2. 労働省労働基準局労災保険管理課編「労災民事損害賠償訴訟に関する調査研究」(財団法人　労働福祉共済会　平成3年)
3. 「現代損害賠償講座」(日本評論社)
4. 高橋　眞「安全配慮義務の研究」(成文堂)
5. 西村　健一郎「労災補償と損害賠償」(一粒社)
6. 篠原弘志・田邨正義「示談」(有斐閣)
7. 損害賠償の範囲と額の算定」(日本評論社)
8. 安西　愈「労働災害の民事責任と損害賠償－その法理論と取扱い実務(上巻・下巻・続巻)」(労災問題研究所)
9. 建設労務安全「安西愈弁護士の法律実務シリーズ　Vol209～」(労働調査会)
10. 安西　愈「建設J・Vの安全衛生管理と企業責任」(労働基準調査会)
11. 「労災保険と自賠責保険調整の手引」(労務行政)
12. 「交通事故損害額算定基準」(日弁連交通事故相談センター)
13. 厚生労働省労働基準局労災補償部労災管理課　編「改訂新版　労災保険制度の詳解」(労務行政)

■ 建設安全衛生研究会

林　　利成

西村　正夫

矢崎　敏郎

建設業における　知って得する「示談」の進め方　改訂２版

建設安全衛生研究会　編

2007 年 1 月 22 日　　　　初　　　版
2020 年 6 月 11 日　　　　改訂 2 版

発 行 所　株式会社労働新聞社
　　　　　〒173-0022 東京都板橋区仲町 29 － 9
　　　　　TEL：03（3956）3151　FAX：03（3956）1611
　　　　　https://www.rodo.co.jp　　　　pub@rodo.co.jp
印　　刷　モリモト印刷株式会社
表　　紙　尾﨑　篤史

ISBN978-4-89761-812-8